Astrid Kaeding (Hrsg.)

Arbeitsschutz in der Berufsausbildung

VS RESEARCH

Astrid Kaeding (Hrsg.)

Arbeitsschutz in der Berufsausbildung

Chancen und Wettbewerbsvorteile

VS RESEARCH

Bibliografische Information der Deutschen Nationalbibliothek
Die Deutsche Nationalbibliothek verzeichnet diese Publikation in der
Deutschen Nationalbibliografie; detaillierte bibliografische Daten sind im Internet über
<http://dnb.d-nb.de> abrufbar.

1. Auflage 2011

Lektorat: Verena Metzger | Dr. Tatjana Rollnik-Manke

VS Verlag für Sozialwissenschaften ist eine Marke von Springer Fachmedien.
Springer Fachmedien ist Teil der Fachverlagsgruppe Springer Science+Business Media.
www.vs-verlag.de

Umschlaggestaltung: KünkelLopka Medienentwicklung, Heidelberg
Gedruckt auf säurefreiem und chlorfrei gebleichtem Papier
Printed in Germany

ISBN 978-3-531-17896-7

Inhalt

Vorwort

Dass Berufsbildung eine neue, reformierte Position in Deutschland inne hat, davon spricht das Berufsbildungsgesetz (BBiG) eine beredte Sprache und darüber streitet niemand. Die Fokussierung von Arbeitsschutz in diesem Zusammenhang geschah über Ausbildungsverordnungen. Sie weisen ihm eine zentrale Rolle zu. Zur Umsetzung von Arbeitsschutz in der Berufsausbildung folgt leider in der Literatur wenig.

In diesem Sammelband versuchen Autoren aus unterschiedlichen Erwägungen heraus, Arbeitsschutz und Berufsbildung gedanklich zu fassen. Der Schwerpunkt liegt dabei vorrangig auf Berufsausbildung, aber auch die Weiterbildung Erwachsener spielt eine Rolle (Beiträge Altenburger, Trotzky).

Alle Beiträge betonen moderne Aspekte von Arbeitsschutz: allgemeine Chancen für den Betrieb, seine Funktion in einer schrumpfenden Gesellschaft und seine Vorteile in einer modernen multikulturellen Gesellschaft.

Es ist ein planendes, theoretisches Fundament, welches sich hier eröffnet und in praktische Überprüfungen münden soll: seien es digitale Lernmaterialien (Beitrag Wettberg) oder Seminarentwicklungen für face-to-face-Kommunikationen.

Eine besondere Rolle nimmt der Beitrag von Vera Trotzky ein, welcher Selbstlernen als globale Thematik anspricht. Die Blickrichtung auf Selbstlernen ist durchaus aus betrieblicher Sicht formuliert, erreicht aber generelle Ansätze, die Gegenstand einer praktischen Überprüfung im Rahmen eines Dissertationsvorhabens sind.

Gesellschaftliche Veränderungen müssen begleitet werden. Es gilt vorzudenken, wie Prozesse im Sinne der Gemeinschaft gestaltet werden können. Es gilt aber auch, die Ergebnisse zu prüfen. Was momentan in diesem Buch als theoretische Betrachtung formuliert ist, soll in Zukunft mit einem wohltuenden Ergebnis für den Praktiker untersetzt werden: Zielstellung sind praxisrelevante Ableitungen für Handlungshilfen. Dafür ist jedoch sowohl diese gedankliche Basisarbeit als auch eine nachfolgende Überprüfung durch die Praxis unumgänglich.

1 Überlegungen zur modernen Position von Arbeitsschutz in der Berufsausbildung

Die Kernkompetenz Arbeitsschutz in der Berufsausbildung und ihre Chancen für den Betrieb

Astrid Kaeding

Arbeitsschutz in der Berufsausbildung – eine moderne Position

Arbeitsschutz und Berufsausbildung sind zwei Begriffe, die untrennbar scheinen. Dennoch hat Arbeitsschutz in der modernen Berufsausbildung eine andere Position inne, als noch vor wenigen Jahren.

Bereits seit den 90er Jahren forderten Wirtschaft und Politik eine neue Qualität der Berufsausbildung für Europa. Die Ständige Konferenz der Kultusminister formulierte z.b. 1998, dass Berufsausbildung in Basisberufen als Grundlage eines ganzen Berufskonzeptes verstanden werden müsse; ein Berufskonzept, welches Erstausbildung und Weiterbildung eng miteinander verzahnt sah und in der Ausbildung nicht ein einmaliges Berufsbild anstrebte, sondern im breitesten Sinne Handlungsfähigkeit und die Fähigkeit, überfachlich wirksam zu werden. Die Forderung nach einer neuen Qualität führte zu vielfachen gesetzlichen Veränderungen (Novellierung des Berufsbildungsgesetzes von 2005, Aussetzung der Ausbilder-Eignungsverordnung - AEVO - von 2003 bis 2009, Wiedereinführung der überarbeiteten Ausbilder-Eignungsverordnung - AEVO – vom 1.08.2009), aber auch zur Neuordnung von Ausbildungsberufen (von 1996 bis 2010 - 312), bzw. zur Schaffung gänzlich neuer Ausbildungsberufe (von 1996 bis 2010 - 82)[1].

Ziel von neuen, bzw. neu geordneten Berufen war es, einheitliche Qualitätsstandards zu schaffen. Die Abschlüsse für den Arbeitsmarkt sollten transparenter werden. Gleichzeitig sollten Jugendliche und Erwachsene, die sich in der Ausbildung befinden, bessere Möglichkeiten für Mobilität und Flexibilität erhalten.

Im Metallsektor entstanden z.B. die fünf neugeordneten industriellen Metallberufe: Anlagenmechaniker, Industriemechaniker, Konstruktionsmechaniker, Werkzeugmechaniker und Zerspanungsmechaniker, die gemeinsam einen einheitlichen Standard der Ausbildungsberufe darstellen.

Welche Qualität dabei in der Ausbildung Arbeits- und Gesundheitsschutz zukommt, dazu hat die gesetzliche Vorlage der Ausbildungsverordnung vom 9. Juli 2004 konkrete Forderungen, und zwar:

---

[1] BiBB (Hg) (2010): Modernisierte Ausbildungsberufe 2010. Kurzbeschreibungen. Bonn. S. 5. Online unter: www.bibb.de

1. Arbeitsschutz ist generell als Kernqualifikation zu vermitteln
2. Arbeits- und Gesundheitsschutz ist verzahnt mit Fachqualifikationen über die gesamte Dauer der Ausbildung zu vermitteln
3. die Inhalte der Ausbildung, und somit auch der Arbeits- und Gesundheitsschutz, sind in ihrem zeitlichen Ablauf mit der Berufsschule zu koordinieren:

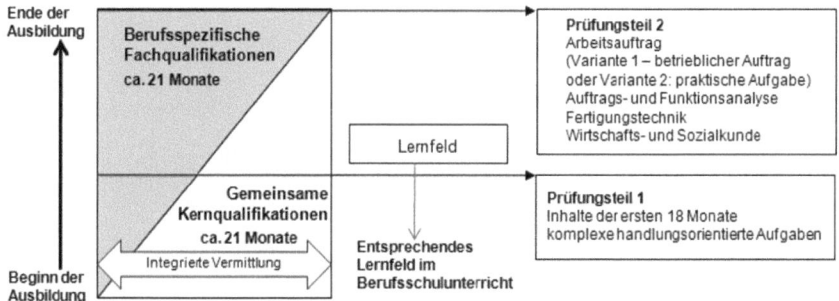

Abbildung 1:   Vermittlung von Kern- und Fachqualifikationen in der beruflichen Erstausbildung [2]

Die Kommunikation zwischen Berufsschule und Betrieb zu realisieren, ist keine leichte Aufgabe, denn Berufsschulen agieren bundeslandabhängig und nach Lernfeldern mit dezidierten Zeitangaben. Betriebe jedoch sollen von ihrer Produktion oder Dienstleistung geleitet werden. In Abhängigkeit von den Produktions- oder Dienstleistungsanforderungen legt ein Betrieb fest, wann welcher Inhalt vermittelt wird. Ausgehend von ihren Möglichkeiten bestimmen beide Partner: Berufsschule und Betrieb, was sie im Arbeitsschutz machen wollen und wann sie es machen können. Darüber stimmen sie sich ab.

[2]   Umsetzungshilfen und Praxistipps zur Neuordnung der industriellen Metallberufe (2006). Nürnberg: BW Bildung und Wissen. S.19.

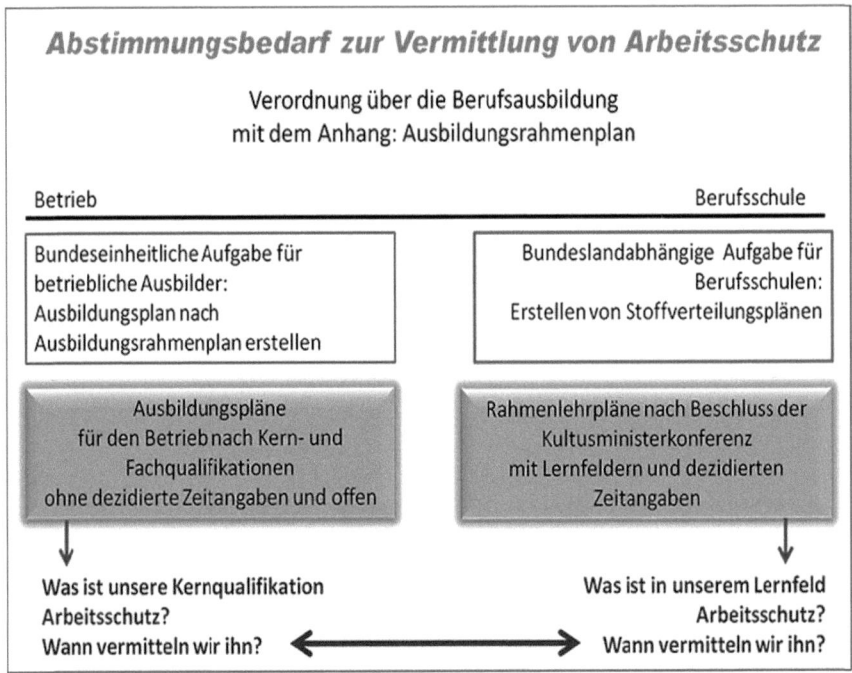

Abbildung 2: Abstimmungsbedarf nach der Verordnung über die Berufsausbildung in den industriellen Metallberufen vom 9. Juli 2004

Die Anforderungen, die an die Vermittlung von Arbeitsschutz gestellt werden, sind somit unbestritten hoch: es soll nicht nur definiert werden, was wann erforderlich ist, es soll auch kommuniziert werden. Damit kommen Rahmenbedingungen zum Tragen, die jeden Kommunikationsprozess begleiten:

- Wie viele Partner treten in einen Austausch?
- Wie tauschen sie sich aus – im persönlichen Gespräch oder digital?
- Wer hat wann Zeit?

Obwohl es nur wenige Gedanken sind, wird doch deutlich, dass der Kommunikationsprozess gelebt werden muss. Er liefert die Grundlage für die fachlich und pädagogisch hochwertige Vermittlung von Arbeitsschutz. Wird diese Arbeit geleistet, so bietet sie für alle beteiligten Unternehmen Chancen.

Qualitätskriterien der Ausbildung zum Arbeits- und Gesundheitsschutz

Ein Gesichtspunkt, der in der gegenwärtigen Diskussion um Ausbildung viel Raum einnimmt, ist der Gesichtspunkt der Qualität der Ausbildung. Qualitätssicherung wird dabei immer mehr als Prozess verstanden, welcher den Imagefaktor des Unternehmens beeinflusst. Die Qualitätssicherung der Ausbildung wirkt auf das Image des Betriebes!

Orientiert man sich diesbezüglich an modernen Herangehensweisen, so stößt man auf die Begriffe des Verbrauchers und des Verbraucherbewusstseins, welche „Bildungsanbieter dazu veranlasst, die Qualität ihrer Angebote zu überprüfen und stets weiterzuentwickeln."[3] Experten- und lernerorientierte Ansätze sind dabei wechselseitig wirksam:

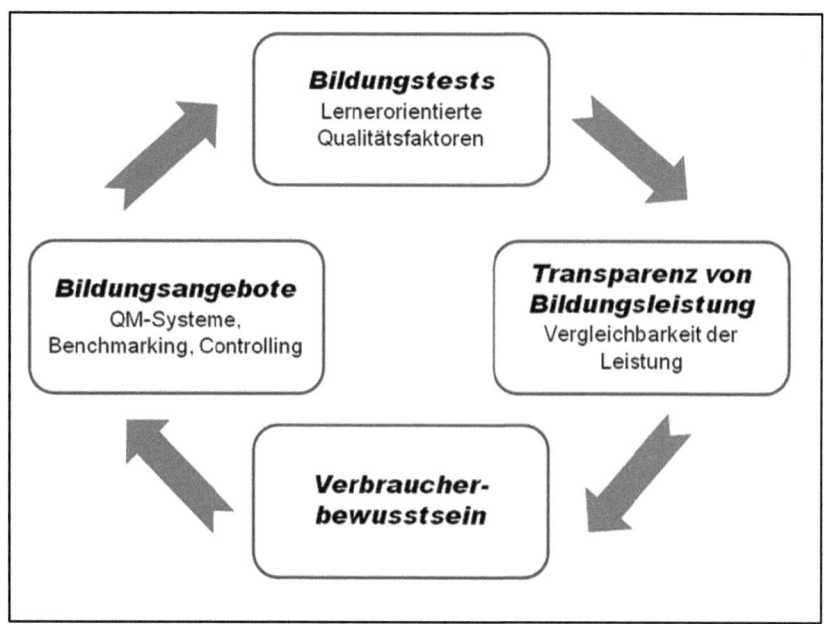

Abbildung 3:   Qualitätssicherungsprozess als Qualitätszirkel[4]

---

[3]   Zukunft berufliche Bildung. Potenziale mobilisieren. Veränderungen gestalten. Tagungsband des 5. BiBB-Fachkongresses 2007 (2008). Bonn: Bertelsmann. S. 62f.
[4]   Ebenda, S. 63.

13

Berufliche Erstausbildung ist für das Unternehmen Werbung: um sein zukünftiges Humankapital.

Ausfluss solcher Bemühungen um potenzielle Auszubildende sind kontinuierliche Zusammenarbeiten von Betrieben mit Schulen[5] oder Veranstaltungen wie *Tage der offenen Tür, Nächte der Ausbildung* usw. Bei letzterem werden nicht nur Ausbildungskonzepte und -räumlichkeiten präsentiert, zum Teil werden auch Blicke hinter die Kulissen ermöglicht.

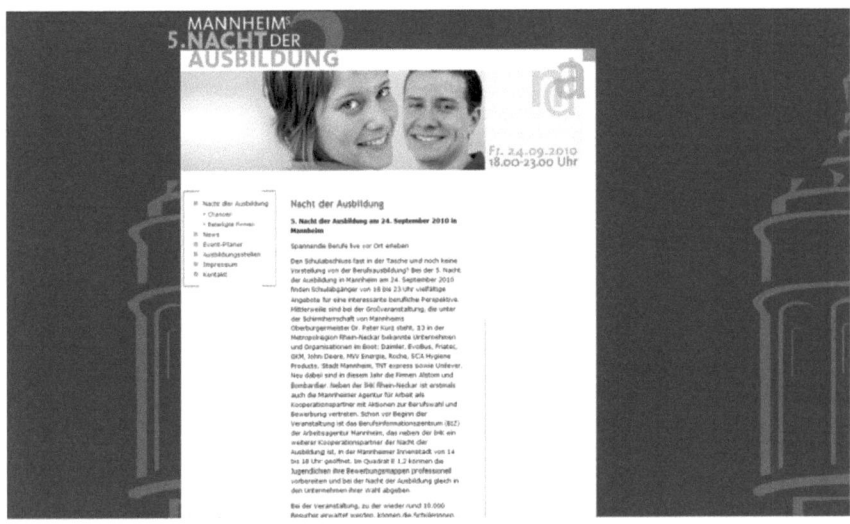

Abbildung 4:   Internetbewerbung einer *Langen Nacht der Ausbildung* an der sich mehrere ortsansässige Firmen beteiligen[6]

Mit einer *Langen Nacht der Ausbildung* werben Unternehmen in Mannheim schon mehrere Jahre um zukünftige Auszubildende, was auch im Internet entsprechend publiziert wird. Das Modell hat mittlerweile in vielen Städten Deutschlands Verbreitung gefunden - als Verbund mehrerer Unternehmen: z.B. in Bad Kreuznach, Kassel, oder aber auch als Aktion von Einzelunternehmen,

---

[5]   Regionale Beispiele, wie etwa die Fa. Paul Hettich GmbH, Kirchlengern, demonstrieren seit Jahren, wie Schulen und Lehrwerkstatt zusammenarbeiten und potenzielle Auszubildende frühzeitig gewinnen können. Über IHK und HWK werden solche Initiativen gefördert. Sie beruhen jedoch meist auf der Eigeninitiative des Betriebes, bzw. von Personen.

[6]   http://www.mannheims-nacht-der-ausbildung.de

z.B. Siegenia-Aubi in Wilnsdorf, Festo in Esslingen-Berkheim, Mercedes-Benz in Gaggenau. „Nachtschwärmer" werden als potenzielle Bewerber gesucht!

Derartige Veranstaltungen sollen neugierig machen, aber auch Einblicke gewähren: welche Qualität der Ausbildung bietet der entsprechende Betrieb dem Jugendlichen. Sie offerieren, dass Betriebe Interesse am Jugendlichen haben und ihm eine bestmögliche Begleitung durch die Ausbildungszeit bieten wollen. Gleichzeitig werden Ziele der betrieblichen Ausbildung veranschaulicht: der Jugendliche soll wissen, welche Chancen er aus dieser Ausbildung für seinen Berufsweg entnehmen kann.

Inwieweit diese *Bewerbung eines potenziellen Arbeitgebers* Erfolg haben wird, hängt schlussendlich vom Verbraucherbewusstsein des Jugendlichen ab: wie sehen individuelle, weitergehende berufliche und private Vorstellungen aus, wie hoch ist in diesem Betrieb die *Abbrecherquote* usw.

Der Blick auf die Zielrichtung von Ausbildung ist für den ausbildenden Betrieb jedoch wesentlich und von Vorteil. Qualitätskriterien, die nach der Ausbildung erreicht sein sollen, müssen im Vorfeld definiert werden.

Werden Qualitätskriterien, die nach der Ausbildung vom Auszubildenden erreicht werden sollen, im Vorfeld formuliert, so können Absichten und Ergebnisse der Ausbildung abgeglichen werden – der Ausbildungsprozess wird als Prozess qualitativ messbar. Er orientiert auf Personalentwicklung im weiten Sinne.

Geforderte Kernkompetenzen, z.B. zum Arbeits- und Gesundheitsschutz, müssen in die Qualitätskriterien des Ausbildungsprozesses eingearbeitet werden. Dieses Vorgehen garantiert ein transparentes Umsetzen der von der Gesetzgebung geforderten Kompetenz. Definiert werden sollte, was aus Sicht des ausbildenden Betriebes gebracht wird:

a. an Fachwissen für den Arbeits- und Gesundheitsschutz
b. an Fähigkeiten und Fertigkeiten und auch
c. an Verhaltensweisen, an Willen zur Umsetzung des Fachwissens und der Fähigkeiten und Fertigkeiten.

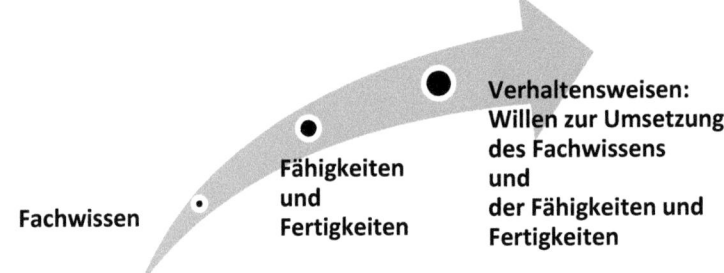

Abbildung 5:   Verhältnismäßigkeit im Umsetzungsprozess

Bezug zur innerbetrieblichen Personalentwicklung

Wird der Blick auf Standards gelenkt, die berufsbezogen und arbeitsprozessorientiert nach der Ausbildung vorliegen sollen, so korreliert dieses Herangehen mit dem Verständnis einer outputorientierten Ausbildung. Diese orientiert auf den ausgebildeten, freigesprochenen Facharbeiter.

Nach Spöttl (2008) kann Ausbildungsqualität im Ausbildungsprozess dargestellt werden als immanenter Zusammenhang von drei unterschiedlichen Qualitäten: Potenzialqualität, Durchführungsqualität und Ergebnisqualität.

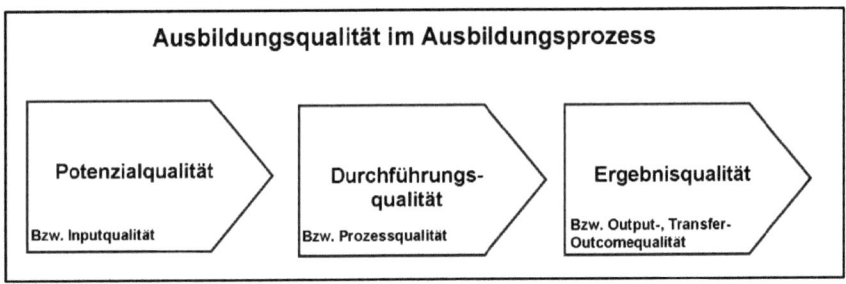

Abbildung 6:   Ausbildungsqualität und Ausbildungsprozess[7]

---

[7]   Spöttl, Georg (2008): Qualitätssicherung betrieblicher Ausbildung – ein Perspektivenwechsel? Beitrag bei den 15. Hochschultagen Berufliche Bildung, Nürnberg, 12.-14.03.2008. Abb. 13. Online: http://www.kibb.de/cps/rde/xbcr/kibb/Praesentation_HT08_WS07_01_Spoettl.pdf

Inputqualität wird u.a. bei öffentlichen Veranstaltungen wie *Tagen der offenen Tür* präsentiert. Eine besondere Funktion haben dabei ausgestellte Arbeitsmittel. Sie vermitteln Einblicke in Lehrinhalte, bzw. in die Motivation der Auszubildenden während der Ausbildung.

Der Stellenwert, der Betriebsanweisungen, Prozessabläufen beigemessen wird, zeigt, wie Arbeitsschutz in diesen Ausbildungen gelebt wird. Sie verdeutlichen jedoch nicht, welche Kriterien den jungen Facharbeiter nach seiner Ausbildung kennzeichnen werden.

Eine solche Aufstellung sollte von einem Fachgremium kompetenter Personen gesondert erfolgen. Dabei sind nicht nur Personalabteilung und der Bereich Ausbildung gefragt, auch Personen, die mit Weiterbildung beschäftigt sind und Vorgesetzte aus der Produktion sollten beteiligt werden.

Outputorientierte Ausbildung verdeutlicht, welchen Nutzen Berufsanfänger dem Betrieb liefern können. Dieser wesentlichen Fragestellung sollte aus der Sicht mehrerer Beteiligter nachgegangen werden.

Bezogen auf die Kernkompetenz Arbeits- und Gesundheitsschutz können bei einem Verständnis von outputorientierter Ausbildung die Fragen gestellt werden:

- Welchen *Output*, welchen Nutzen muss der Berufsanfänger mit seinen Kenntnissen dem Betrieb liefern?
- Über welches Fachwissen verfügt er nach seiner Ausbildung? Aber auch:
- was erwartet der Betrieb vom Absolventen – welche Spezialkenntnisse, welche speziellen Verhaltensanforderungen…?

Potenzial von outputorientierter Ausbildung

Die Schnittstelle Ausbildung / Einsatz des freigesprochenen Facharbeiters erhält durch die Orientierung auf das Ziel der Ausbildung ein besonderes Gewicht! Sie wird maßgebend für die Motivation des Bereiches *Ausbildung*: Auszubildende und Ausbilder prüfen, wie ihr Produkt vom Betrieb eingefordert wird.

Es interessiert, wie der Einsatz des freigesprochenen Facharbeiters aussieht: wie reagiert der Arbeitgeber auf das Leistungspotenzial des ehemaligen Azubis, der sich Fachwissen, Fertigkeiten/Fähigkeiten zum Arbeits- und Gesundheitsschutz angeeignet hat. Mit welchen Arbeitsaufgaben wird seine berufliche Handlungskompetenz eingefordert. Darf er sich z.B. mit seinen Kenntnissen zur Arbeitsplatzgestaltung, zur Arbeitsorganisation einbringen? Werden von ihm Kenntnisse und Fähigkeiten zum Arbeitsschutz, die er in seiner Ausbildung erworben hat, bewusst abverlangt?

Die Handlungsfähigkeit von Berufsanfängern einfordern, heißt, ihre Potenziale einfordern, nutzen und entwickeln wollen. Arbeits- und Gesundheitsschutz avanciert somit zum umfassenden Imagefaktor für den Betrieb. Ausbildung - Einstellung und Entwicklung von Berufsanfängern sind miteinander verzahnt.

Bestimmte Berufe und Berufsbilder sind von ihrer Ausbildung her teurer und investitionsaufwendiger als andere. Berufe der Metallbranche gehören zu den *teuren* Berufen, bei denen sich Betriebe durchaus überlegen, ob sie Personal mit solch einem Fachwissen brauchen werden. Z.B. ist ein Facharbeiter für Druckgießmaschinen für einen Betrieb eine spezielle, genau so geplante Investition. Er bringt ein hohes fachliches Potenzial mit. Auch sein Arbeitsschutzwissen ist, entsprechend der durchgeführten betrieblichen Projekte, mit Sicherheit umfangreich. Zusätzlich zu seinen Arbeitsschutzkenntnissen kann der freigesprochene Facharbeiter über mehr Kenntnisse im Umgang mit Neuen Medien verfügen, als der erfahrene Facharbeiter.

In Bezug auf Fachwissen und auf weiterführende Kenntnisse soll der junge Facharbeiter eine solche Basis mitbringen, die ihm erlaubt, auf sich wandelnde Anforderungen flexibel zu reagieren. Kenntnisse im Arbeitsschutz und in anderen Bereichen sollen ihn darin bestärken. Damit ist der junge Facharbeiter eine große Bereicherung für jedes Team. Zusammenarbeit zum gegenseitigen Nutzen in gemischten Teams wird gerade angesichts unserer demographischen Entwicklung zu einem bestimmenden Potenzial für die Konkurrenzfähigkeit des Betriebes.

Outputorientierte Ausbildung und Personalentwicklung

Outputorientierte Ausbildung beschreibt einen Beginn für Handlungsfähigkeit. Der Berufsanfänger benötigt eine Zusammenstellung an Anfangskompetenzen, zu denen auch die Fähigkeit und Bereitschaft zum Weiterlernen gehören. Selbstorganisierte Weiterbildung, Geschäfts- und arbeitsprozessbezogene Ausbildung, Selbstlernen im Kundenauftrag waren Beispiele, die in den 90er Jahren breit diskutiert und mit Modellversuchen überprüft wurden.[8] Eine wesentliche Erkenntnis war dabei, die Bereitschaft zum Weiterlernen muss von Anfang an gefördert werden.

Bezogen auf die Kernkompetenz Arbeits- und Gesundheitsschutz muss der Schwerpunkt gleichfalls auf Anfangskompetenzen gelegt werden, anderes muss im Laufe des Erwerbslebens zusätzlich erworben werden. Arbeits- und Gesundheitsschutz ist mitnichten nur eine Thematik für Anfängeraufgaben.

---

[8] Elster, Frank ; Dippl, Zorana ; Zimmer, Gerhard (Hg.) (2003): Wer bestimmt den Lernerfolg? Leistungsbeurteilung in projektorientierten Lernarrangements. – Bielefeld: Bertelsmann. S. 3f.

Überprüft werden muss, wo soll der Einsatz des Berufsanfängers im Betrieb erfolgen? Noch vor einigen Jahren wurde von der Überlegenheit der geistigen Tätigkeit zur manuellen gesprochen, auch in der Produktion. Der Einsatz von Berufsanfängern in Richtung der *Knowledge worker* bedingt, dass im Arbeits- und Gesundheitsschutz eher Kenntnisse der Organisation und der Ablaufplanung verlangt werden. Erfolgt dagegen ein Einsatz der Berufseinsteiger im manuellen Bereich, so muss im Arbeitsschutz vorrangig tätigkeitsbezogenes Verhalten beherrscht werden. Folglich muss der Schwerpunkt der Vermittlung von Arbeits- und Gesundheitsschutzinhalten während der Ausbildung in Abhängigkeit vom geplanten späteren Einsatz des Berufsanfängers gelegt werden, auch wenn die Realisierungswahrscheinlichkeit nicht zugesichert werden kann.

Moderne Ausbildungsberufe gestatten dem Betrieb Freiräume. Lediglich das Erstellen eines Ausbildungsplanes wird gefordert, so dass das systematische Herangehen an Vermittlung gefordert wird. Thematische Schwerpunkte, quantitative Festlegungen können und sollen vom Betrieb gemäß seiner Produktionsbedürfnisse gefunden werden. Die Schwerpunkte der Vermittlung von Arbeits- und Gesundheitsschutzinhalten während der Ausbildung werden in der betrieblichen Ausbildung thematisch und quantitativ von der Produktion bestimmt.

Auszubildende sind Teil der Belegschaft. Wird Personalentwicklung im Betrieb als ein längerfristiger Prozess betrachtet, so kann er parallel mit Organisationsentwicklung verstanden werden. Geforderte Kompetenzen der Belegschaft müssen gemeinsam betrachtet werden.

Es sollen Kompetenzen entwickelt werden, die Tätigkeiten ermöglichen und ein Zusammenspiel verschiedener Faktoren darstellen:

Abbildung 7: Zu berücksichtigende Kompetenzen für die betriebliche
Weiterbildung[9]

Verhaltensbeeinflussung in diesem Sinne heißt, den Mitarbeiter befähigen, verantwortungsvoll im Sinne des Unternehmens, aber auch verantwortungsvoll für
die eigene Person handeln zu können. Ein solches Herangehen entspricht den
veränderten Anforderungen der Berufspraxis, auf die Ausbildungen der neuen
und neu geordneten Berufe entsprechend vorbereiten. Als Beispiel seien hier die
neu geordneten Metallberufe genannt, die einen vollständigen Handlungszyklus
in den Mittelpunkt ihrer Ausbildung stellen. Neue und neu geordnete Berufe
schaffen ein Fundament dafür, dass Auszubildende als Teil der Belegschaft betrachtet werden können.

[9] Keiser, Sarina 2007: Personalentwicklung in Weiterbildungseinrichtungen als arbeitsintegrierte
    und prozessorientierte Kompetenzentwicklung. In: AG Betriebliche Weiterbildungsforschung
    e.V. / Projekt Qualifikations-Entwicklungs-Management (Hg.) (2007): QUEM-report. Lernkul-
    turwandel. Selbsterneuerung der Professionalität in Organisationen beruflicher Weiterbildung.
    Berlin. Heft 100. S. 104.

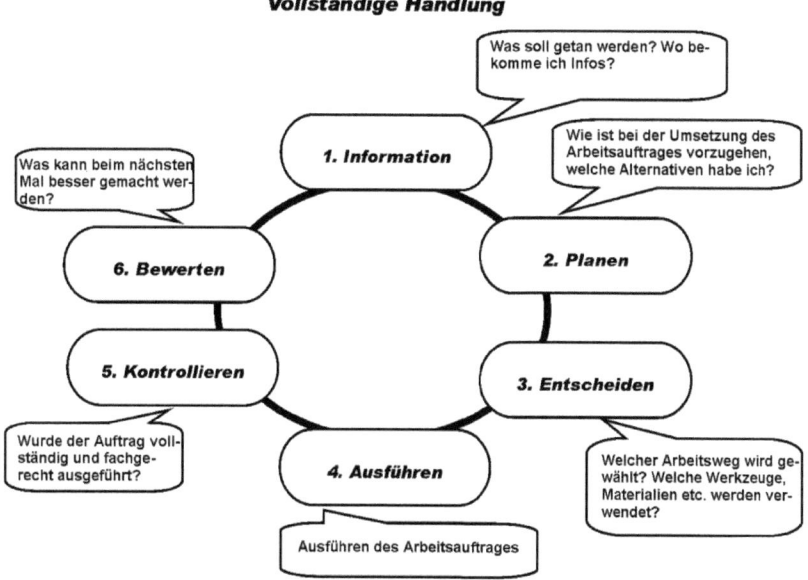

Abbildung 8:   Handlungszyklus in den neu geordneten industriellen
Metallberufen[10]

Für die Ausbildung wird deshalb definiert, über welche inhaltlich-fachlichen,
methodischen, kommunikativen und affektiven Kompetenzen der Auszubildende
nach seiner Ausbildung verfügen muss.

Unter inhaltlich-fachlichen Kompetenzen wird dabei in der Regel verstanden: Faktenwissen, Fachbegriffe, Regelwissen, das Erkennen, Verstehen, Erklä-
ren, Argumentieren von Zusammenhängen. Methodische Kompetenzen werden
vorwiegend mit solchen Fähigkeiten gefasst wie: lesen, nachschlagen, strukturieren, organisieren, planen, gestalten. Kommunikative Kompetenzen dagegen
umfassen vorwiegend Fähigkeiten und Fertigkeiten zum Zuhören, Fragen, Dis-
kutieren, Kooperieren, Begründen, Argumentieren. Die affektiven Kompetenzen
werden verstanden als Identifikation mit dem Unternehmen, Engagement, Aufbau von Werthaltungen, Spaß an einem Thema, Gewinnen von Selbstvertrauen.[11]

---

[10]   Zerspanungsmechaniker/Zerspanungsmechanikerin. Umsetzungshilfen und Praxistipps zur
Neuordnung der industriellen Metallberufe (2006). Nürnberg: BW Bildung und Wissen. S.13.

[11]   Vgl. Klippert, Heinz (2001): Kommunikationstraining. Weinheim ; Basel: Beltz. S. 31.

Bringt man die zu vermittelnden Kompetenzen der beruflichen Erstausbildung und der Weiterbildung ins Verhältnis, so ergibt sich folgende Darstellung:

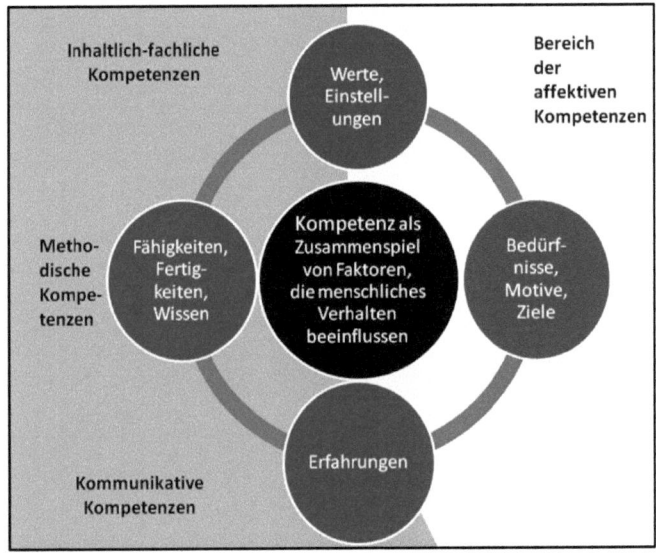

Abbildung 9:   Verquickung von zu berücksichtigenden Kompetenzen für die Weiterbildung der Belegschaft und Kompetenzen der beruflichen Erstausbildung

Selbstverständlich muss im Unternehmen gerade an den affektiven Kompetenzen, welche sowohl Werte, Einstellungen, als auch Erfahrungen und Bedürfnisse und Motive umfassen, nach der Ausbildung im Rahmen von Weiterbildung weiter gearbeitet werden. Das bedeutet, das Potenzial der Mitarbeiter muss eingefordert und gefördert werden. Damit fördert das Unternehmen sein Humankapital derart, dass es auch im globalen Sinne konkurrenzfähig wird. Affektive Kompetenzen müssen bei allen Mitarbeitern gleichermaßen gefördert werden.

„Das Überleben auf dem Markt wird immer stärker davon abhängig, inwieweit es dem Management eines Unternehmens gelingt, die Organisation und die Arbeit so zu gestalten, dass sie auch zukünftig den externen Anforderungen, z.B. den Kunden oder Netzwerkpartnern, gerecht werden kann. Soll dieses Ziel erreicht werden, genügt es nicht, die Auswahl, den Einsatz der Mitarbeiter zu planen, zu steuern und zu überwachen, sondern immer wichtiger wird es, die Entwicklung der Potenziale der Mitarbeiter, einschließlich ihrer Gesundheit, zu unterstützen und zu fördern."[12]

Die Förderung affektiver Kompetenzen über Weiterbildung hilft Unternehmen, sich international zu behaupten. Diese Herangehensweise bedingt jedoch eine Integration aller Betroffener in das Konglomerat Personalentwicklung: Auszubildende über die innerbetriebliche Ausbildung, Ausbilder, Arbeitsorte während der Ausbildung, Berufsschule, Berufseinstieg, Verantwortliche für Weiterbildungskonzepte, Einbeziehung von Berufseinsteigern ohne Abschluss, Einbeziehung von Berufseinsteigern mit einem höherwertigen Abschluss (Bachelor, Master u.a.).

Arbeitsschutz in der Ausbildung als innerbetriebliche Aufgabe

Fazit der bisherigen Überlegungen ist, dass Ausbildung als Teil der allgemeinen Personalplanung des Unternehmens verstanden werden muss. Für die Ausbildung wird gemäß der neuen Ausbildungsordnung ein Ausbildungsplan verlangt. Dieser muss fassen, was für Arbeitsschutz- und Gesundheitsschutzkompetenzen in den angedachten Arbeitsprozessen vermittelt werden sollen. Gibt es z.B. den Aufenthalt im „geschützten Bereich" der Lehrwerkstatt? Was wird wo vermittelt?

Der Ausbilder sollte zunächst erfassen, was in den beabsichtigten Praxiseinsatzbereichen für Gefährdungsbeurteilungen vorliegen.

- Was muss davon unbedingt an den Jugendlichen als Unterweisung vermittelt werden, was liegt an Restgefährdungen vor?
- Übrigens: ist auch die Gefährdungsbeurteilung für die Lehrwerkstatt erstellt?
- Welche Betriebsanweisungen liegen in der Lehrwerkstatt vor?
- Kennen alle Auszubildenden die dort vorhandenen Betriebsanweisungen?
- Kennen sie ihre Fachkraft für Arbeitssicherheit und ihre Aufgaben?
- Kennen sie den Betriebsarzt und seine Aufgaben?
- Kennen sie den Arbeitsschutzausschuss und seine Aufgaben?
- Kennen sie die Aufgaben eines Sicherheitsbeauftragten und beispielhafte Vertreter ihrer Sicherheitsbeauftragten?
- Kennen die Jugendlichen Ausbildungsbeauftragte, die während ihrer Praxiseinsätze Koordinierungen wahrnehmen?

---

[12] Zimolong, Bernhard ; Elke, Gabriele ; Bierhoff, Hans-Werner (2008): Den Rücken stärken. Göttingen u.a.: Hogrefe. S. 44.

- Sind sie über ihren Betriebsrat informiert?
- Kennen sie die Jugendauszubildendenvertretung und ihre Aufgaben?
- Wissen sie, was bei einem Arbeitsunfall zu tun ist?
- Kennen sie Maßnahmen der Ersten Hilfe und sind Ersthelfer ausgebildet?

Alle diese Fragen berühren das System der Arbeitsschutzorganisation im Betrieb. Diese Aufgaben sind bereits während der Ausbildung zu bestreiten. Die Gestaltung dieser Organisation gewinnt eine Schlüsselstellung: je besser der Betrieb geplant hat und je intensiver er es verstanden hat, die Auszubildenden einzubeziehen, desto besser wird das komplette Personalentwicklungskonzept zu gestalten sein und desto konkurrenzfähiger kann der Betrieb agieren. Die Organisation des Arbeitsschutzes während der Ausbildung gewinnt eine Schlüsselstellung. Aber auch die Berufsschule leistet bei der Ausbildung zum Arbeits- und Gesundheitsschutz einen wichtigen Beitrag.

Arbeitsschutz in der Ausbildung als außerbetriebliche Aufgabe

Berufsschule ist nicht gleich Berufsschule; Berufsschule ist auch nicht gleich berufsbildende Schule. Die innerbetriebliche Ausbildung kann tatsächlich innerbetrieblich laufen. Sie kann aber auch im als GmbH ausgegliederten Ausbildungszentrum laufen, sie kann im überbetrieblichen Ausbildungszentrum und im Betrieb laufen, wobei die Agentur für Arbeit und Zertifizierungsstellen eingebunden sind oder in der Verbundausbildung und in Betrieben... Ausbildungspartner können über den Rechtsstatus der beteiligten Einrichtungen viel über Spezifika und Zwänge ihres Gegenübers verstehen.

Die exakte Benennung ist ein wesentlicher Schritt, um den Partner mit seinen Spezifika und Zwängen zu verstehen. Vor den Jugendlichen sollten beide als wirkliche Partner in Erscheinung treten.

Viele Berufsschulen unternehmen erhebliche Anstrengungen, um ein eigenes Gesicht zu zeigen. Die Schule versucht, gemäß eines *Leitbildes* ihren Auszubildenden zu vermitteln: „Du kannst stolz sein, dass Du an unserer Schule lernen kannst!" Dazu fließen Gelder von Bund und Ländern in die Gebäude und die Ausstattung der Schulen. Es laufen Anstrengungen in Richtung Zertifizierungen von Berufsschulen, auch in Richtung Umweltschutz. Es ist wesentlich, die Anstrengungen der Berufsschule nicht nur zu kennen, sondern vor den Auszubildenden auch zu unterstützen.

Im Rahmen des Qualitätssicherungsprozesses sollte geprüft werden, ob bei dem Gegenüber Arbeits- und Gesundheitsschutz mit einem messbaren Zeitfaktor gelistet wird, oder es eher als *Belehrung, Einweisung an die Maschine* betrachtet wird. Sollte das der Fall sein, so müssen an anderer Stelle die notwendigen Inhalte gebracht werden. Qualität wird in diesem Fall nicht nur *gesichert*, sie wird evaluiert und ggf. in neue Erkenntnisse münden. Die Qualität der Ausbildung im Arbeits- und Gesundheitsschutz sollte evaluiert werden, um sie ggf. durch nachgesetzte Maßnahmen vom einstellenden Betrieb in seinem Interesse zu ergänzen.

Ein Ergebnis dieses Prozesses kann es sein, dass es von Vorteil scheint, bei den Lehrkräften oder Ausbildern selbst zunächst mit einer Fachweiterbildung zum Arbeits- und Gesundheitsschutz anzusetzen. Weiterbildungsangebote gibt es über die Kultusministerien oder über die zuständigen Berufsgenossenschaften in großer Vielfalt. Eventuell ist auch die gegenseitige Erkenntniserweiterung unter Lehrern dazu möglich. Die Herangehensweise an Weiterbildung von Berufsschullehrern heißt, vor allem in NRW, *Lehrer lernen von Lehrern*. Dazu werden Berufsschullehrer zum Teil von Lehrverpflichtungen entbunden und erhalten die Aufgabe, Weiterbildungskonzepte für ihre Berufskollegen zu entwickeln. Sollte nach den gemeinsamen Erhebungen in der Qualitätssicherung Arbeits- und Gesundheitsschutz förderungswürdig sein, so ist ein diesbezüglicher Aspekt in der zu planenden Lehrerbildung mit Sicherheit lohnenswert. Ggf. ist somit eine Fortbildung für Ausbilder oder Lehrer im Arbeits- und Gesundheitsschutz einzuplanen.

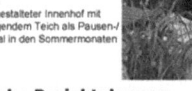

Abbildung 10: Berufsschulen zeigen ihre Aktivitäten im Umweltmanagement[13]

---

[13] Poster der Beruflichen Schulen. Direktorate 4 und 14 der Stadt Nürnberg. Vorgestellt bei den 15. Hochschultagen für Berufliche Bildung, Nürnberg, 12.-14.03.2008.

Arbeits- und Gesundheitsschutz und Ausbildungsstrukturen

Die in der Bundesrepublik gängigen Modelle der Berufsausbildung stellen sich im Bezug zum späteren Tätigkeitsbereich der entsprechenden Absolventen wie folgt dar:

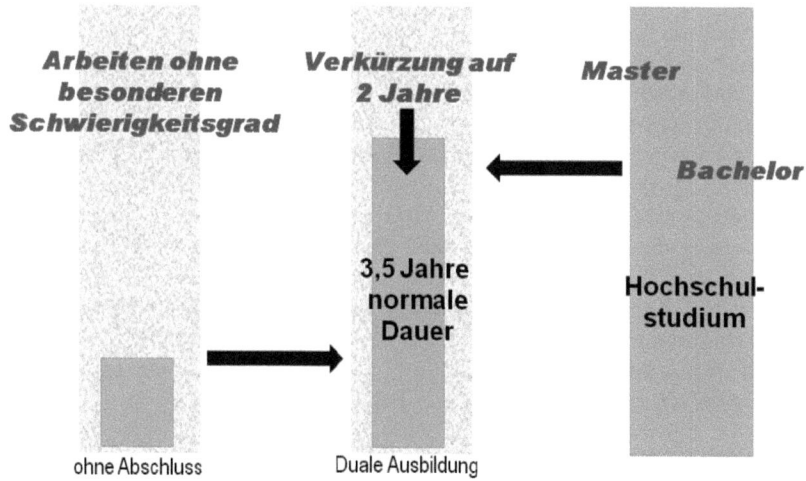

Abbildung 11: Modell der Durchlässigkeit nach Severing[14]

Durch die zeitliche Verkürzung der Facharbeiterausbildung entstehen Varianten, Varianten entstehen aber auch über neue Abschlussmodelle im Hochschulbereich. Die Frage ist nun: wer wird mit seiner Qualifikation für welche Tätigkeiten eingesetzt?

Laut Angaben des BiBB bleiben immer noch etwa 15 % eines Altersjahrgangs ohne eine abgeschlossene Berufsausbildung[15]. Aber auch sie stellen angesichts unserer demografischen Entwicklung ein Potenzial für die Wirtschaft dar. Und so entstehen konkurrierende Situationen: Personen mit einem höherwertigen

---

[14]   Severing, Eckhart (2009): Duale Ausbildung - Modell mit Zukunft! Beitrag bei der BMBF-Konferenz „Demografischer Wandel - Zukunft der beruflichen Aus- und Weiterbildung". 29.-30.06.2009. S. 2. Online unter: http://www.f-bb.de

[15]   Weiß, Reinhold (2007): Berufsbildung als lernendes System. Rede aus Anlass des 5. BiBB-Fachkongresses zum Thema: „Zukunft berufliche Bildung: Potentiale mobilisieren – Veränderungen gestalten". S. 2. Online: http://www.bibb.de/de/30513.htm

Abschluss verdrängen Personen mit einem niedrigeren Abschluss und umgekehrt.

In Bezug auf den Arbeits- und Gesundheitsschutz wird dieser Umstand vor allem für die Berufsanfänger interessant; also die Personengruppe bis 27. Auch im Hinblick auf diese Personengruppe ist zu hinterfragen, wie ein niedriges Unfallgeschehen angesichts solcher Entwicklungen weiterhin zu garantieren ist. Über die Qualitätssicherung sollte Nachholbedarf geplant werden. Nachholbedarf eventuell für den Bachelor-Absolventen, der zwar in theoretischer Hinsicht dem Absolventen der dualen Ausbildung überlegen sein mag, aber nicht zwangsweise auf der Fähigkeitsebene. Aber auch er muss die notwendige Ausbildung im Arbeitsschutz: Tätigkeitsbezug, Arbeitsorganisation, Arbeitsablauf, nachholen können. Somit sind für diese Berufsanfänger, die abweichend von ihrer Ausbildung und ihren Erfahrungen, die sie in der Ausbildungszeit machen konnten, eingesetzt werden, spezielle *Sicherungen* zu planen. Die Durchlässigkeit der Ausbildungsstrukturen bedingt Nachholbedarf bei Berufseinsteigern hinsichtlich ihrer Kompetenzen im Arbeits- und Gesundheitsschutz.

Diese spezifische Personalentwicklung gehört in den Kanon der Weiterbildungsmodalitäten. Mit einer sich verändernden Ausbildungsstruktur erhält somit gerade die Weiterbildung im Arbeits- und Gesundheitsschutz ein anderes Gesicht. Weiterbildner sind als notwendiges Personal einzuplanen. Differenziert werden muss:

- Welche Weiterbildung benötigt arbeitsprozessbezogen der gut ausgebildete Facharbeiter? Welches Arbeits- und Gesundheitsschutzwissen hat er während seiner Ausbildungszeit noch nicht bekommen können, was muss er dazu lernen?
- Welche Weiterbildung benötigt der Absolvent eines höherwertigen Abschlusses? Was kann er nicht wissen?
- Welche Weiterbildung benötigt der Eingestellte ohne Abschluss? Welche Verhaltensweisen werden von ihm dringend gefordert? Was muss er zeigen?
- Welche Zusatzqualifikationen sind erforderlich, welche die Akteure handlungsfähig machen (Train-the-Trainer-Maßnahmen)?

Diese flexible und moderne Herangehensweise beinhaltet gleichermaßen Chancen für ein zielgerichtetes Agieren über die Qualitätssicherung und ein Reagieren auf Anforderungen des Marktes.

Literatur

BiBB (Hg.) (2010): Modernisierte Ausbildungsberufe 2010. Kurzbeschreibungen. Bonn. Online unter: www.bibb.de

Elster, Frank ; Dippl, Zorana ; Zimmer, Gerhard (Hg.) (2003): Wer bestimmt den Lerner-folg? Leistungsbeurteilung in projektorientierten Lernarrangements. Bielefeld: Bertelsmann.

Keiser, Sarina (2007): Personalentwicklung in Weiterbildungseinrichtungen als arbeitsin-tegrierte und prozessorientierte Kompetenzentwicklung. In: AG Betriebliche Weiterbildungsforschung e.V. / Projekt Qualifikations-Entwicklungs-Management (Hg.) (2007): QUEM-report. Lernkulturwandel. Selbsterneuerung der Professionali-tät in Organisationen beruflicher Weiterbildung. Berlin. Heft 100. S. 93-154.

Klippert, Heinz (2001): Kommunikationstraining. Weinheim ; Basel: Beltz.

Severing, Eckhart (2009): Duale Ausbildung - Modell mit Zukunft! Beitrag bei der BMBF-Konferenz „Demografischer Wandel - Zukunft der beruflichen Aus- und Weiterbildung". 29.-30.06.2009 Online unter: http://www.f-bb.de

Spöttl, Georg (2008): Qualitätssicherung betrieblicher Ausbildung – ein Perspektiven-wechsel? Beitrag bei den 15. Hochschultagen Berufliche Bildung, Nürnberg, 12.-14.03.2008.

Umsetzungshilfen und Praxistipps zur Neuordnung der industriellen Metallberufe (2006). Nürnberg: BW Bildung und Wissen.

Weiß, Reinhold (2007): Berufsbildung als lernendes System. Rede aus Anlass des 5. BiBB-Fachkongresses zum Thema: „Zukunft berufliche Bildung: Potentiale mobili-sieren – Veränderungen gestalten". Online: http://www.bibb.de/de/30513.htm

Zimolong, Bernhard ; Elke, Gabriele ; Bierhoff, Hans-Werner (2008): Den Rücken stär-ken. Göttingen u.a.: Hogrefe.

Zukunft berufliche Bildung. Potenziale mobilisieren. Veränderungen gestalten. Tagungs-band des 5. BiBB-Fachkongresses 2007 (2008). Bonn: Bertelsmann.

2 Selbstlernen in der Berufsausbildung und Verknüpfungen zum Arbeitsschutz

Vorbereitung von Selbstlernfähigkeit in der Berufsausbildung

Vera Trotzky

Vorteile von Selbstlernfähigkeit aus Sicht des Betriebes

Die fortschreitende Globalisierung der Wirtschaft, der Wissenschaften und des Wissens führen nicht nur zu einer *Globalisierung von Wissen*, sondern auch der Lebenszyklus von Produkten und Dienstleistungen verkürzt sich zunehmend. Investitionen in Forschung, Entwicklung, Produktion, Marketing (und Bildung) sollen sich immer schneller amortisieren. Der darin enthaltene *Wertschöpfungsprozess* sowie die dafür notwendigen Aus- und Weiterbildungen als betriebliche und außerbetriebliche Bildungsdienstleistungen erfordern von allen Beteiligten ein hohes Maß an Wissen, Kompetenzen und Qualifikationen.

Betrachtet man Bildung und Ausbildung aus einer wirtschaftspädagogischen Perspektive, beinhaltet sie einen Wertschöpfungsprozess. Er wird in Gang gesetzt, um Auszubildende für einen Beruf zu qualifizieren. Das Ziel einer beruflichen Handlungsfähigkeit erfordert einen Input bezüglich einer Arbeits- und Lernumgebung, einen abstrakten (Denk-)Prozess, um daraus ein gegenständliches und/oder geistiges Produkt entstehen zu lassen, mit einem bestimmten Ergebnis. In diesem Ablauf entwickelt sich jenes Wissen, das für eine unternehmerische *Wissensbilanz* im wahrsten Sinne des Wortes von Wert ist. Damit rückt die *subjektive Produktivkraft* eines Individuums auch die Qualität des Lehr- und Lernprozesses erneut in den Vordergrund[16]. Betriebliches Lehren und Lernen gehört also zu einem *ökonomischen Faktor einer modernen Wissensökonomie*, in dem die Humanressourcen eines sich bildenden Menschen aufgrund der vorgenannten Veränderungen erneut (wieder)entdeckt werden[17].

Selbst zu lernen wird für den Beruf, die eigene Beschäftigung sowie für die Personalentwicklung zu einer unternehmerischen und persönlichen Ressource, aber auch zu einer Herausforderung, da wirtschaftliche Entwicklungen, neue

---

[16] Vgl. Sesink, Werner (2006): Der Wert der Bildung. Online: http://www1.abpaed.tu-damstadt.de/arbeitsbereiche/bt/material_ss06/prosem_schule_und_bildung/Bildungstheorie06_F olien09.pdf

[17] Vgl. Dybowski, Gisela ; Hanf, Georg ; Walter, Matthias (o.J.): BIBB International. Strategiepapier zur Internationalisierung beruflicher Bildung. Online: http://www.bibb.de/dokumente/pdf/a13_bibb-international-strategiepapier.pdf

Technologien und Werkstoffe sowie andere Arbeitsorganisationskonzepte mit theoretischem und praktischem Wissen zu bewältigen sind. Eine Person, die sich bilden will, kann und möchte, ist somit gefordert, ihre fachlichen, methodischen, sozialen und persönlichen Kompetenzen und Qualifikationen unter den sich wandelnden gesellschaftlichen als auch betrieblichen Rahmenbedingungen, zielgerichtet anzupassen. In einem betrieblichen Bildungsmanagement stellen Mitarbeiter und Führungskräfte eine Rohstoffquelle für derzeitige und zukünftige Innovationen und Entwicklungen dar, weil wissensintensive Prozesse, Systeme und Strukturen mit einer steigenden Veränderungsgeschwindigkeit bei gleichzeitiger Halbwertzeit von Wissen einhergehen. Ein Unternehmen hat folglich seine Bildungsbedarfe und -bedürfnisse festzustellen. Für einen Arbeitnehmer bedeutet Selbst-Lernen eine berufsübergreifende Fähigkeit, die nicht nur in Europa seine *Beschäftigungsfähigkeit* (Employability) sichern hilft, sondern ihm eine *Bildungsfähigkeit*[18] ermöglicht und damit Mobilität und Flexibilität für seine Berufsbiografie. Aus- und Weiterbildungsmaßnahmen werden zu einem ständigen Begleiter einer Berufs- und Bildungsbiografie, damit zu einem materiellen als auch immateriellen *Invest*.

Diese Sichtweisen werden zudem noch durch die neue Wachstums- und Beschäftigungsstrategie unterstrichen, die der Europäische Rat auf seiner Tagung am 17. Juni 2010 verabschiedet hat. Danach wird Bildung und Ausbildung in Europa ein bedeutsamer Stellenwert eingeräumt.

In den Schlussfolgerungen des Rates vom 12. Mai 2009 zu einem strategischen Rahmen für die europäische Zusammenarbeit auf dem Gebiet der allgemeinen und beruflichen Bildung („ET 2020", 2009/C119/02) wird betont, dass

„die allgemeine und berufliche Bildung eine entscheidende Rolle im Hinblick auf die Bewältigung der zahlreichen sozioökonomischen, demografischen, ökologischen und technologischen Herausforderungen spielen wird".[19]

Lernkompetenz wird als *bereichsübergreifende Schlüsselkompetenz* ausgewiesen. Daher ist das Lernen für Erwachsene abwechslungsreicher zu gestalten. Lehrberufe sollen sich zu einer *attraktiven Karriereoption* entwickeln. Dafür werden Berufsübergreifende Fähigkeiten wie das Selbstlernen *kontextabhängig* erworben. Sie können nach Gilomen (2009) auch als *nicht bereichsspezifisch*

---

[18] Wittwer, Wolfgang (2003). Zitiert nach: Walber, Markus (2007): Selbststeuerung im Lernprozess und Erkenntniskonstruktion. Eine empirische Studie in der Weiterbildung. Dissertation. Internationale Hochschulschriften. BD 501. Münster: Waxmann. S. 11.

[19] Vgl. Portal „EU-Bildungspolitik" Online: http://www.eu-bildungspolitik.de/

definiert werden.[20] Ihr Erwerb ist darauf ausgerichtet, dem Individuum zu einem Erfolg in allen Lebensbereichen zu verhelfen. Im Rahmen der Strategie für lebenslanges Lernen wird aus Sicht eines Lerners die Verknüpfung erlernter Kompetenzen und Qualifikationen im Rahmen von Schule, Ausbildung und Beruf bedeutsam sein. Da Bildung ja kein Selbstzweck ist, sondern ein Lerner sich dafür anstrengt, Lebenszeit und Geld investiert, wird er berechtigterweise erwarten, dass mit Bildung auch eine Karriere verbunden sein wird.

Lehrberufe als Karriereoption zu betrachten, bedeutet für den Lehrling, dass ein sozialer und materieller Aufstieg damit verbunden werden kann. Somit wird es in seiner Berufs- und Bildungsbiografie immer wieder Unterbrechungen und Einschnitte geben, weil Arbeit, Bildung und Lernen sich abwechseln werden. Die Lehr- und Lerntätigkeit wird in diesem Zusammenhang – allerdings nicht nur – darüber mitentscheiden, ob die Bildungsmaßnahme im weitesten Sinne mit einem Ertrag für den Lerner verbunden sein wird. Kurzum: Unterrichtsqualität ist auch Beziehungsqualität.

Ausrichtung von Selbstlernen durch Richtlinien

Der Rat der Europäischen Kommission ist sich gemäß Punkt 3 seiner „ET 2020" Strategie darüber einig, dass allgemeine und berufliche Bildung insgesamt in einer Perspektive des lebenslangen Lernens zu erfassen sei. Damit ist jede Art von Lernen gemeint. In der subjektiven Betrachtung von Lernen werden die Standards des Europäischen Qualifikationsrahmens (EQR) bzw. des Deutschen Qualifikationsrahmen (DQR) auf die persönlich erworbenen Kompetenzen und Qualifikationen eines Lerners stoßen, denn als Auszubildender hat er die Möglichkeit, seine berufliche Handlungsfähigkeit mit dem Europass zu dokumentieren (vgl. http://europass-info.de).

Der deutsche Qualifikationsrahmen (DQR) ist *outcomeorientiert* (siehe hierzu auch http://www.deutscherqualifikationsrahmen.de). Nach Sabelhaus (2010) bieten die Zielformulierungen in den Rahmenlehrplänen, nach der Lernfeldkonzeption und vor dem Hintergrund des DQR eine ideale Grundlage für die Bewertung von Ausbildungsberufen, aber in „ihrer Art sind sie noch nicht mit anderen Bildungsplänen bzw. Ordnungsmitteln vergleichbar."[21]

---

[20] Gilomen, Hans-Jörg (2009): Schlüsselkompetenzen für moderne Gesellschaften. Ein Beitrag zur Diskussion um Kompetenzmodelle. In: Kocka, Jürgen ; Staudinger, Ursula M. (Hg.) (2009): Altern in Deutschland. Stuttgart: Wiss. Verlagsgesellschaft. S. 239.

[21] Sabelhaus, Martin (2010): Lernfelddidaktik im Spiegel des Deutschen Qualifikationsrahmens. Kultusministerium Baden-Württemberg. BAG-Fachtagung. Lernfelder – neue Horizonte oder Orientierungsverlust? Was die Neuordnung der Berufsbildung bewirkt hat. Tagungsbericht. Online: http://www.bag-metalltechnik.de/pages/FT2010/FT2010_Abstracts.html#sabelhaus

Ziel des EQR ist es, die verschiedenen nationalen Qualifikationssysteme auf einen gemeinsamen europäischen Referenzrahmen beziehen zu können. Einzelpersonen und Arbeitgeber werden den EQR insofern nutzen können, weil sie damit die verschiedenen Qualifikationsniveaus der Länder sowie ihre unterschiedlichen Systeme von allgemeiner und beruflicher Bildung verstehen und vergleichen können. Der EQR verwendet acht auf Lernergebnisse ausgerichtete basierende Referenzniveaus in den Kategorien: Kenntnisse als Theorie- und/oder Faktenwissen, Fertigkeiten als kognitive und praktische Fertigkeiten und Kompetenz. Sie beziehen sich auf Verantwortung und Selbstständigkeit (Weiteres siehe http://ec.europa.eu/education/).

Aktuell sind die Abschlüsse des Dualen Systems nach einer Pressemeldung des Instituts der deutschen Wirtschaft in Köln in das EQR-System noch nicht angemessen zugeordnet.[22] Das bedeutet, die Vergleichbarkeit ist noch nicht gegeben. Personalverantwortliche und Mitarbeiter wüssten nach erfolgter Zuordnung wohl, welchen Wert welcher Abschluss inne hat.

Die Bildungsaufgaben in der Bundesrepublik Deutschland unterliegen dem föderalen System. Nach dem Grundgesetz hat das Bundesministerium für Bildung und Forschung demnach folgende Aufgaben: die Rechtssetzung für die außerschulische berufliche Bildung und Weiterbildung, die Forschungsförderung, die Gesetzgebung zur Ausbildungsförderung, die Förderung begabter Schüler, Auszubildender, Studierender und des wissenschaftlichen Nachwuchses sowie die Förderung des internationalen Austausches von Lernenden und Lehrenden (http://www.bmbf.de).

Die nationale Agentur „Bildung für Europa" beim Bundesinstitut für Berufsbildung (http://www.na-bibb.de/) setzt im Auftrag des Bundesministeriums für Bildung und Forschung (BMBF) europäische Bildungsprogramme und Initiativen in Deutschland um. Beispielsweise unterstützt das Programm *Leonardo da Vinci* für den Bereich der beruflichen Aus- und Weiterbildung Auslandaufenthalte zum beruflichen Lernen. Es befürwortet europäische Partnerschaften für die Entwicklung innovativer Lehr- und Lernmaterialien oder Zusatzqualifikationen.

Auf Bund-Länder-Ebene arbeitet die Bund-Länder-Kommission für Bildungsplanung und Forschungsförderung (BLK) den jeweiligen Regierungschefs des Bundes und der Länder Vorlagen zur Beratung und Beschlussfassung zu. Im Rahmen der Forschungsförderung wurden u.a. bis 2007 Forschungsprojekte zum Lebenslangen Lernen initiiert und dokumentiert. Dann wurden ihre Aktivitäten eingestellt und an ihre Stelle trat am 1. Januar 2008 die Gemeinsame Wissen-

---

[22] Duale Berufsausbildung. Das hohe Niveau anerkennen. In: Pressemitteilung. Institut der deutschen Wirtschaft Köln. Juni 2010. Nr. 27/1. Online: http://iwkoeln.de/Themen/Bildung /Berufliche Bildung.aspx

schaftskonferenz (GWK). Sie sorgt nunmehr für eine Verbesserung der Durchlässigkeit von beruflicher und akademischer Bildung. Mit dieser Verschränkung von beruflicher und akademischer Bildung wird es wohl möglich sein, sofern Bildungsbedarf besteht, sein theoretisches Wissen zu ergänzen und zu erweitern, um Professionalität im praktischen Handeln zu erreichen.

Modellprojekte zur Veranschaulichung der Richtlinien

Die BLK Modellversuche wurden durch den Ausschuss *Bildungsplanung* initiiert, weil Unzufriedenheit bestand. Am 27. Februar 2004 verabschiedete er die Programmskizze *Selbstgesteuertes und kooperatives Lernen in der beruflichen Erstausbildung*. Ausgangspunkt für diese Programmdefinition war das vorhandene Defizit in der schulischen Bildung, nämlich die fehlende Sozial- und Selbstlernkompetenz.[23]

Die Länderprojekte der BLK-Modellversuchsprogramme beinhalteten folgende Kernbotschaft:

> „Ein primär auf die Bildungsinhalte und Vermittlungsformen ausgerichtetes ... Lernen ... fördert ... die Bildungsbereitschaft und –partizipation aller Menschen. Hierfür ist die Stärkung der Eigenverantwortung und Autonomie sowie die Förderung selbstgesteuerter, auch informeller Lernaktivitäten zentrale Voraussetzung."[24]

Mit dieser Kernbotschaft wurde das Programm SKOLA (Selbst gesteuertes und kooperatives Lernen in der beruflichen Erstausbildung) aufgelegt. Als Leitziel beinhaltete es die Förderung des selbstgesteuerten Lernens, die Teamfähigkeit und Sozialkompetenz. Unter verstärkter Nutzung pädagogisch-didaktischer Potenziale sowie moderner Informations- und Kommunikationstechnologien wurden für und an berufliche Schulen Konzepte entwickelt, erprobt und evaluiert. Dafür nahmen verschiedene Bundesländer allein oder im Verbund teil.[25]

---

[23]   http://www.pedocs.de/
[24]   http://blk-info.de/papers/heft 88pdf. S. 2 (2001)
[25]   http://bildungsserver.de/innovationsportal/blk_set.html?Id=72

Zwei Modellprojekte sollen an dieser Stelle einen kleinen Einblick geben:

1. Modellprojekt	2. Modellprojekt
Segel-bs (Laufzeit von 2005 bis 2007)	TUSKO (Laufzeit von 2005 bis 2007)
http://www.segel-bs	http://tusko.de
Selbstreguliertes Lernen in Lernfeldern der Berufsschule	Team- und Selbstlernkompetenzen in arbeitsorientierten Lernphasen mit neuen Medien- und Lernraumkonzepten in der Berufsausbildung
Verbundmodellversuch der Länder Bayern und Nordrhein-Westfalen (Federführung)	Verbundprojekt zwischen Bremen und Thüringen
Ausbildungsberuf/Zielgruppe: Gesundheits- und Pflegeberufe, Verkäufer(in), Kaufmann/Kauffrau im Einzelhandel	Ausbildungsberuf/Zielgruppe: unterschiedliche Ausbildungsberufe
Ziel des Projektes: In einer Lernfeldkonzeption müssen Lernende in die Lage versetzt werden, diagnostische Fähigkeiten zu erwerben um eigene Lernstrategien zu entwickeln. Die Fähigkeit zum selbstregulierten Lernen ist die Kompetenz, Lernprozesse eigenverantwortlich zu planen und zu bewerten.	Ziel des Projektes: Entwicklung und Förderung von (individuellen) Team- und Selbstlernkompetenzen
Inhalt: Implementierung von selbstreguliertem Lernen in Berufen mit Lernfeldcurricula Teilprojekt: Lehrkräfteentwicklung Teilprojekt: schulische Organisationsentwicklung	Inhalt: Entwickelt wurde ein unterrichtsbezogenes Konzept zur didaktischen Förderung der Team- und Selbstlernkompetenzen und des E-Learning unter den Aspekten der Selbstwirksamkeit. Es handelt sich hierbei um ein Lernkonzept auf Basis einer arbeitsorientierten Lernfeldorientie-

	rung, verbunden mit einer neuen Lern- und Raumgestaltung.
Evaluation: Instrumente zur Selbst- und Fremd-evaluation, Implementationsstudien, Transferstudien, Begleitmaterial für den Transfer, Lehrkräfte für selbst reguliertes Lernen in Modulen	Evaluation: Beurteilung der Team- und Selbst-lernkompetenz bestimmter Schüler-gruppen zu verschiedenen Zeitpunkten Durchführung von Fremd- und Selbstbeurteilungen
Transfer: Angestrebt wird eine Übertragung der Ergebnisse auf andere Ausbildungs-berufe, Schularten und Zielgruppen (Jugendliche ohne Ausbildungsvertrag) sowie eine überregionale Verbreitung	Transfer: Nutzung im Schulalltag Erarbeitung von Merkmalen für Beo-bachtungssituationen – vergleichende Betrachtung von Selbst- und Fremd-beobachtungen

Tabelle 1: Modellprojekte im Vergleich

Büchter führte dazu in einer rückwirkenden Betrachtung von durchgeführten Modellprojekten aus:

> „auch wenn es die BLK-Modellversuchsprogramme in der beruflichen Bildung künftig nicht mehr geben wird, kann die Evaluationsforschung in der Berufsbil-dungsforschung und in der Berufs- und Wirtschaftspädagogik die impliziten Evalua-tionskonzepte der wissenschaftlichen Begleitungen explizieren, systematisieren und in die theoretische und methodologische Diskussion einbinden. In diesem Kontext ist nicht nur über empirische, sondern übergreifend auch über pädagogische Profes-sionalität der Modellversuchsakteure zu diskutieren.“[26]

Als Aufbaumodul wird SKOLA nunmehr u.a. für die universitäre Ausbildung genutzt (siehe Justus-Liebig-Universität Giessen, FB 06, Psychologie). Demnach stellt das Programm SKOLA eine innovative Lehrkonzeption für die Ausbildung von Lehramtsstudierenden in der Grundwissenschaft Psychologie dar. Ziel ist es, selbstgesteuerte und kooperative Lernformen zu vermitteln und somit die Lehr-

---

[26] Büchter, Karin ; Göderz, Silvia (2008): Evaluationskonzepte in innovativen Programmen beruf-licher Bildung. Forschungsprojekt 3 im SKOLA-Modellversuchsprogramm. Endbericht. Univer-sität Kassel. S. 42. Online: http://www.hsu-hh.de/zimmer/index_J2S3wYo2RC6IeFVs.html

amtsstudierenden auf den Schulalltag vorzubereiten. In Anlehnung an Rickes[27] sei hier die Grundidee des Projektes SKOLA bildlich dargestellt:

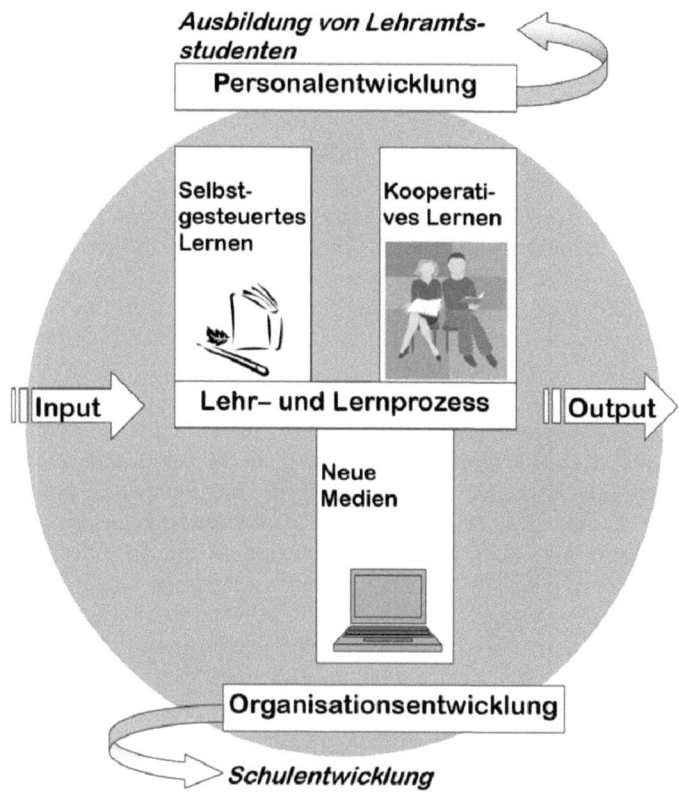

Abbildung 12: Die Grundidee des Modellversuchs SKOLA und ihr Transfer in die Schulentwicklung

[27] Rickes, Mabel (2007). Segel-bs, NordrheinWestfalen. Kurze Projektvorstellung des BLK-Modellversuchs Geschäftsführung segel-bs, NRW. S. 6. http://www.berufsbildung.schulministerium.nrw.de/cms/upload/segel-bs/download/abschluss_va_praes_rickes.pdf

Das Bundesinstitut für Berufsbildung (BIBB) ist ein anerkanntes Kompetenzzentrum für die Erforschung und Weiterentwicklung der beruflichen Aus- und Weiterbildung. Seine Arbeits- und Rechtsgrundlage ist das Berufsbildungsgesetz (BBiG). Seine Aktivitäten kennzeichnen fünf Themenschwerpunkte: 1. Ausbildungsmarkt und Beschäftigungssystem, 2. Modernisierung und Qualitätsentwicklung der beruflichen Bildung, 3. Lebensbegleitendes Lernen, Durchlässigkeit und Gleichwertigkeit der Bildungswege. 4. Berufliche Bildung für spezifische Zielgruppen, 5. Internationalität der beruflichen Bildung. Das Online-Forum des BiBB für den Ausbilder ist www.foraus.de. Es besteht seit 10 Jahren und dient dem Berufsbildungspersonal u.a. als Kommunikationsplattform. Durch seine Materialien, Hilfen und Online-Seminare bietet es auch die Möglichkeit zur eigenen Weiterbildung. Im Rahmen der beruflichen Bildung führt das BiBB u.a. Befragungen mit Auszubildenden durch. Inhaltlich geht es dabei beispielsweise um ihre Zufriedenheit oder es handelt sich um die Einführung neuer Ausbildungsberufe.

Auf Bundes- und Länderebene kümmern sich Industrie- und Handelskammern (http://www.dihk.de) sowie Handwerkskammern um die Berufsausbildung. Die Industrie- und Handelskammern führen schriftliche, mündliche und praktische Prüfungen durch. Pro Jahr werden vor IHK-Ausschüssen rund 350.000 Abschlussprüfungen abgelegt. Auch die Zwischenprüfungen, die der Erfolgsermittlung während der beruflichen Ausbildung dienen, werden von ihnen durchgeführt. Eine ihrer zentralen Aufgaben ist die Ausbildungsberatung.

Die Handwerkskammern haben vom Gesetzgeber die Aufgabe, die Berufsehre der Gewerke zu pflegen, ein gutes Verhältnis zwischen Meistern, Gesellen und Lehrlingen anzustreben, die Lehrlingsausbildung zu überwachen, Gesellenprüfungen abzunehmen, sofern sie dazu ermächtigt sind. Die Ausbildungsberatung ist ebenso einer ihrer Aufgaben (http://www.zdh.de).

Der zukünftige Auszubildende - Beruf Auszubildender

Unter der nicht ganz ernst gemeinten Annahme, dass es einen Beruf Auszubildender gibt, wird deutlich, wie schnell Jugendliche erwachsen werden müssen. Oft werden sie nach der Ausbildung nicht übernommen, das Entgelt hat sich fast dem Entgelt eines Facharbeiters angenähert, die heutigen Lern- und Arbeitsanforderungen sind verstärkt von Eigenverantwortung geprägt, die Ausbildung gleicht sich mehr und mehr dem Arbeitsprozess an. Die Erstausbildung als Basis für Karriere muss also Möglichkeiten eröffnen.

Für diese Einschätzung spricht auch ein erhöhtes Durchschnittsalter zu Beginn der Ausbildung. Jugendliche Auszubildende sind nicht nur älter als früher, sondern als junge Generation sind sie in ihren Ansichten, Einstellungen und Verhaltensweisen deutlich heterogener geworden. Nach der neuesten Shell-Studie 2010 (www.shell.de) ist die Jugend 2010 eine *pragmatische Generation*: Bildung ist für sie ein Erfolgsfaktor für die Zukunft. Diesbezüglich haben die Auszubildenden mehr Optimismus.

> „Sie sind sehr viel hoffnungsvoller als in den letzten Jahren, nach der Ausbildung übernommen zu werden. Auch in puncto Zuversicht beim Berufswunsch gibt es eine positive Trendwende: 71 Prozent der Jugendlichen sind überzeugt, sich ihre beruflichen Wünsche erfüllen zu können. Jedoch verläuft die Entwicklung bei Jugendlichen aus sozial schwierigen Verhältnissen auch hier ... gegenläufig: Nur 41 Prozent sind sich diesbezüglich sicher."[28]

So „spielt nicht nur die schulische Vorbildung, sondern auch der kulturelle und soziale Hintergrund eine Rolle, ebenso variieren ihre Lernvoraussetzungen sehr stark".[29]

Bisherige Ausbildungsordnungen berücksichtigten eine generationsbezogene Anpassung für Beruf und Bildung. Nunmehr soll das Individuum stärker im Mittelpunkt stehen, mit seinen Kompetenzen, Qualifikationen und seinem Können.

Die Anforderung eines Berufes (Qualifikation) als auch das Können einer Person (Kompetenz) vereint sich im Selbst-Lernen zu einer berufsübergreifenden Schlüsselkompetenz. Im Sinne des Qualifikationsbegriffs kann sie auch als Selbstlernfähigkeit bezeichnet werden. Nach Straka (1998) umfasst sie das Können und damit auch das Verhalten einer Person. Darin enthalten sind auch kognitive Komponenten, die eine Person steuern und in ihrem Verhalten zu beobachten sind. Dies führt möglicherweise auch zu (Deutungs- und Beziehungs-) Problemen in einer Lehr- und Lernsituation. Betrachtet man Selbstlernfähigkeit als Konstrukt, so beinhaltet sie eine Reihe von Strategien, die sich in Lern- und Kontrollstrategien (aus)differenzieren lassen. In seiner Einfachheit verdeutlicht das nachfolgende Strukturmodell, trotz seiner Unvollständigkeit, was alles zur Selbstlernfähigkeit dazu gehören könnte:

---

[28] www.shell.de/home/content/deu/aboutshell/our_commitment/shell_youth_study/2010/education/
[29] Bahl, Anke ; Diettrich, Andrea (2008): Die vielzitierte ‚neue Rolle' des Ausbildungspersonals. Diskussionen, Befunde und Desiderate. In: Berufs- und Wirtschaftspädagogik – online (2008), bwp@Spezial4 – HT 2008. Bundesinstitut für Berufsbildung. S. 5.

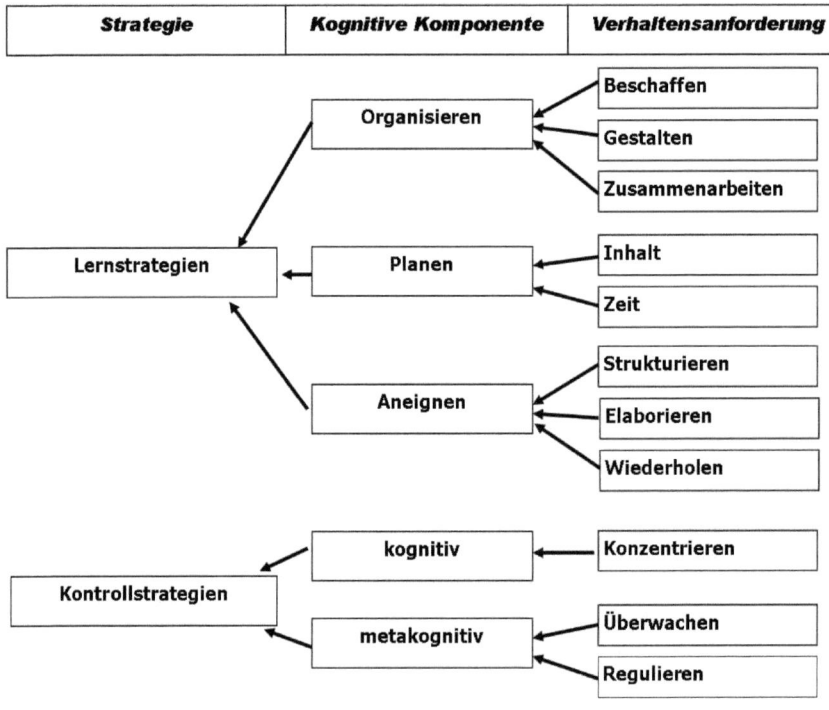

Strategie	Kognitive Komponente	Verhaltensanforderung

Abbildung 13: Selbstgesteuertes Lernen und Wissensmanagement[30]

Zur Lernkompetenz als Schlüsselkompetenz gehört die (Basis)Fähigkeit Selbstlernen. Erst durch sie erkennt der Lerner möglicherweise seinen eigenen Bil-
dungs- und Beratungsbedarf. Andererseits können die in diesem Zusammenhang
erlernten methodischen Fähigkeiten dazu genutzt werden, sich neue Kenntnisse
und Fähigkeiten anzueignen. Für Bildung und Berufsbildung ergeben sich daraus
neue Perspektiven zum Lernen.

Die verschiedenen theoretischen Ansätze hierzu fordern das Berufsbildungspersonal heraus, da sie in ihrer Rolle als Lernbegleiter eine methodische
und diagnostische Kompetenz mitbringen müssen.

---

30 Stöckl, Markus ; Straka, Gerald A. (2001) Lernen im Unternehmen. In: Straka, Gerald, A. ;
    Stöckl, Markus (Hg.) Selbstgesteuertes Lernen und Wissensmanagement. Forschungsgruppe
    LOS. Universität Bremen. Forschungs- und Praxisbericht Nr. 8. Kapitel 3 Selbstgesteuertes Ler-
    nen, Abb. 3.2.3. Online: http://www.user.uni-bremen.de/~los/berichte/band8/kapitel2_3.html

Der zukünftige Ausbilder – ein Lernbegleiter

Am 1. August 2009 trat, nach einer Pause, eine novellierte Ausbilder-Eignungsverordnung (AEVO) in Kraft. Hintergrund für diese Veränderungen ist wirtschaftliches Handeln der Unternehmen als ein komplexes und dynamisches Gebilde. Daraus ergeben sich erweiterte Anforderungen an die Qualifikationen von Fachkräften, vor allem an ihre Kenntnisse, Fähigkeiten und Fertigkeiten wie auch an ihre

> „fachübergreifenden Kompetenzen, in Form von Selbstständigkeit, Verantwortungs-bereitschaft, Flexibilität und Initiative auch Lebenslang zu lernen."[31]

Mit der Veränderung der Qualifikationsschiene des Berufsbildungspersonals ist auch eine Veränderung der Inhalte verbunden. So sind in der AEVO die Spezifi-zierungen für die angehenden Ausbilder kompetenzbasiert in den vier Hand-lungsfeldern formuliert (siehe hierzu http://www.bmbf.de/pub/aevo_banz.pdf). Ihre beispielhaften Inhalte können nun um teilnehmerspezifische Inhalte ergänzt werden. Für einen (potenziellen) Ausbilder bedeutet dies, dass er sich – aufgrund der gesellschaftlichen und wirtschaftlichen Bedingungen – mit Migration, Infor-mations- und Kommunikationstechnik sowie einer verstärkten Arbeits- und Pro-zessorientierung auseinander setzen muss.

> Das „Strukturmodell offener und dynamischer Berufsbilder sowie die Orientierung an Arbeits- und Geschäftsprozesse ist nunmehr zu einem Leitmodell einer modernen Industrieausbildung geworden. Demnach sichern die Kernkompetenzen dem Auszu-bildenden die Mobilität und Flexibilität in unterschiedlichen Arbeitsprozessen; die erworbenen Fachkompetenzen dienen eher seinem beruflichen Abschlussprofil; das sogenannte Betriebsfenster dient wiederum der betrieblichen Personalentwick-lung."[32]

Mit der Prozessorientierung ist der gesamte Prozess – vom Entwurf bis zum Verkauf – gemeint, der für die Herstellung eines Produktes oder einer Dienstleis-tung zu durchlaufen ist. In diesem Prozess geht es darum, verantwortlich zu handeln und dafür den notwendigen Handlungsspielraum innerhalb der Organi-sationsstruktur zu bekommen und zu nutzen. Prozessorientierung heißt aber auch, fachliche und soziale Abläufe erkennen und steuern zu können, im Zu-sammenhang zu denken, funktionsorientiert zusammenzuarbeiten, ergebnisorien-

---

[31]   Ulmer, Philipp ; Gutschow, Katrin (2009): Die Ausbilder-Eignungsverordnung 2009. Was ist neu? In: BWP 3(2009). S. 48.

[32]   IG Metall-Vorstand. (2007): Prozessorientierung in der Berufsbildung. Neue Leitbilder – Neue Praxisprojekt. In: Ressort Bildungs- und Qualifizierungspolitik. IG Metall Frankfurt. S. 14.

tiert Entscheidungen treffen zu können und nach Regeln zusammenzuarbeiten, ein effektives Feedback zu geben, eine konstruktive Konfliktbearbeitung zu leisten und visionäres Denken zuzulassen.

Damit wird deutlich, dass sich das Anforderungsprofil eines Ausbilders und eines Auszubildenden stark gewandelt hat. Zur Auftaktveranstaltung zum *Jahr des Ausbilders* des Zentralverbandes des Deutschen Handwerks 2009 erklärte Staatssekretär Storm vom BMBF, dass angesichts steigender Anforderungen an die Qualifikation der beruflichen Bildung auch die betrieblichen Ausbilder über ein Mindestmaß an berufs- und arbeitspädagogischen Qualifikationen verfügen müssen.

„Das betriebliche Bildungspersonal trägt maßgeblich die Verantwortung für die Weiterentwicklung der Mitarbeiterinnen und Mitarbeiter. Die Fortbildung zum Geprüften Aus- und Weiterbildungspädagogen unterstützt Aus- und Weiterbildner dabei, die gestiegenen Anforderungen ihrer Aufgaben zu erfüllen. Die Fortbildung zum Geprüften Berufspädagogen unterstützt Aus- und Weiterbildner dabei, die Qualität der betrieblichen Bildungsprozesse zu verbessern und moderne Methoden des Lernens in die Unternehmen zu tragen".[33]

---

[33] GAB München – Gesellschaft für Ausbildungsforschung und Berufsentwicklung mbH. Berufspädagoge (Hompage). Link: AEVO, Aus- und Weiterbildungspädagoge, Berufspädagoge. Online: http://www.ausbilder-weiterbildung.de

Die nachfolgende Tabelle gibt auszugsweise einen kleinen Einblick in die Inhalte der Verordnung.

Ausbilder-Eignungsverordnung 1. August 2009[34]	Geprüfter Aus- und Weiter-Bildungspädagoge 21. August 2009[35]	Geprüfter Berufs-pädagoge 21. August 2009[36]
Anforderung:	Anforderung:	Anforderung
Berufs- und arbeitspäda-gogische Eignung, hier 3.Ausbildung durchführen	Gliederung der Prüfung Lernprozesse und Lernbegleitung Planungsprozesse in der beruflichen Bildung Berufspädagogisches Handeln	Gliederung der Prüfung Kernprozesse der Beruflichen Bil-dung Berufspädagogi-sches Handelns in Bereichen der be-ruflichen Bildung Spezielle berufspä-dagogisch Funktion
Inhalte	Inhalte	Inhalte
Zu 3. U.a. selbstständiges Lernen in berufstypischen Arbeits- und Geschäftsprozessen handlungs-orientiert för-dern. 1.lernförderliche Bedin-gungen schaffen, *motivie-*	Zu 1. U.a. jugend-, erwachsenen- und sozialpädagogische gestützte *Lernbeglei-tung*	Zu 1. U.a. *Lernprozesse und Lernbegleitung* Zu 2. U.a. Personalentwick-lung und -beratung Zu 3. U.a.

---

34 Bundesgesetzblatt Ausbilder-Eignungsverordnung (AEVO) vom 21. Januar 2009. Bundesge-setzblatt Jahrgang 2009 Teil I Nr. 5. Ausgegeben zu Bonn am 30. Januar 2009. Online: http://www.bmbf.de/pub/aevo_banz.pdf

35 Verordnung über die Prüfung zum anerkannten Fortbildungsabschluss Geprüfter Aus- und Weiterbildungspädagoge/Geprüfte Aus- und Weiterbildungspädagogin vom 21. August 2009. Bundesgesetzblatt Jahrgang 2009 Teil I Nr. 56, ausgegeben zu Bonn am 26. August 2009 On-line: http://www.bmbf.de/intern/upload/fvo_pdf/aus_und_weiterbildungspaedagoge.pdf

36 Verordnung über die Prüfung zum anerkannten Fortbildungsabschluss Geprüfter Berufspädagoge / Geprüfte Berufspädagogin vom 21. August 2009. Bundesgesetzblatt Jahrgang 2009 Teil I Nr. 56, ausgegeben zu Bonn am 26. August 2009. Online: http://www.bmbf.de/intern/upload/fvo_pdf/berufspaedagoge.pdf

		Entwicklung und
rende Lernkultur gestalten 3.aus berufstypischen Arbeits- und Geschäftsprozessen betriebliche Lern- und Arbeitsaufgaben entwickeln	3.Medienauswahl und -einsatz 4. *Lern- und Entwicklungsberatung*	Einsetzen von Konzepten zur Kompetenzentwicklung, der Qualifikationsanalyse
4.Ausbildungsmethoden und –medien zielgruppengerecht auswählen und situationsspezifisch einsetzen	Zu 2. U.a. Qualitätssicherung von beruflichen Bildungsprozessen	Gestaltung lernförderlicher Arbeitsformen
5.Auszubildende bei Lernschwierigkeiten durch *individuelle Gestaltung der Ausbildung und Lernberatung zu unterstützen*	Zu 3. U.a. Projektarbeit	*Mitgestaltung beruflicher Entwicklungspfade*

Tabelle 2:   Die neue Aus- und Weiterbildungslinie für Lernbegleiter im Vergleich

Die 2009 in Kraft getretenen Verordnungen nehmen das vorweg, was Auszubildende an Wissen und Können mitbringen sollen/können/müssen. Dazu gehört vor allem selbstgesteuertes Lernen, Arbeiten an realen Projekten, Austauch an Lernerfahrungen in Lerngruppen, Teamarbeit in Echtsituationen, ein fall- und praxisbezogenes Selbststudium und Lerntexte, die durch eine E-Learning-Plattform unterstützt werden. Damit diese Lernkompetenzen gelehrt werden können und eine individuelle Entwicklung und Förderung von Mitarbeitern in Unternehmen möglich wird, haben sich 13 europäische Organisationen zusammen geschlossen. Sie sind im Feld der Aus- und Weiterbildung verantwortlich tätig und entwickeln mit Unterstützung der Europäischen Union und im Rahmen des Programmes zum lebenslangen Lernen das Referenzsystem für Lernbegleiter *RESYFAC* (http://www.facilitationsystem.eu/). Es bildet die Basis für ein zukünftiges ECVET System. Im Rahmen dieses Projektes ist auch ein Leitfaden für die Begleitung von Selbstlernprozessen in Klein- und Mittelständigen Unternehmen (KMU) entstanden.

Im *Referenzsystem für Lernbegleiter* (Reference System for Facilitators of Learning) steht u.a., dass ausführliche Untersuchungen hierzu in 28 europäischen Ländern durchgeführt wurden. Aus ihnen ist ein Profil eines Lernbegleiters entstanden, dessen Aufgaben und Kompetenzen sich über vier Aufgabenfelder erschließen lassen, wie die nachfolgende Abbildung verdeutlicht[37]:

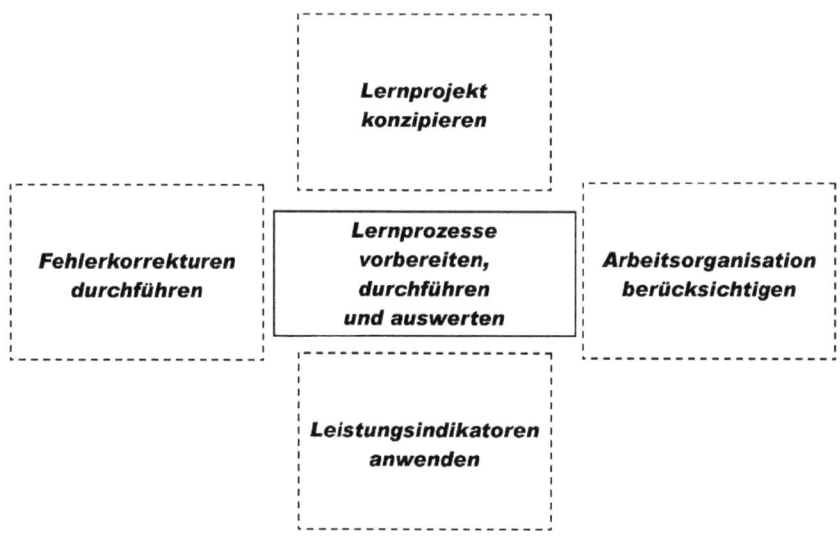

Abbildung 14: Aufgaben eines Lernbegleiters

Hierzu benötigt ein Lernbegleiter nachfolgendes Wissen, Kompetenzen sowie Fertigkeiten bzw. Fähigkeiten:[38]

Wissen: Lernbedarfe, Selbstlernkonzepte, Lernchancen, Evaluation, Analyse der Unternehmenskultur, Kompetenzermittlung, Lernzielbestimmung und -entwicklung
Gruppendynamik, Kommunikation, Konfliktmanagement

---

[37] Resyfac. (Projekthomepage) Education and Culture DG. Lifelong Learning Programme. Education and Training. Online: http://www.facilitationsystem.eu
[38] Resyfac (Reference System for Facilitators of Learning) (2009). Lernbegleiter. Europäisches Dossier der Gemeinsamkeiten. German Language version. Projekt: Leonardo da Vinci, Reference System for Facilitators of Learning. Grant Agreement Number 2007-1977/001-001.Originaltitel: "Facilitators of Learning. European dossier of commonalities" Online: http://www.facilitationsystem.eu/LinkClick.aspx?fileticket=QN38qB9rNVo%3D&tabid=265&mid=694&language=en-US

Kompetenz:	*Persönlich*: Offenheit, Vorurteilslosigkeit, überzeugt sein von der menschlichen Lern- und Entwicklungsfähigkeit

Kompetenz: *Persönlich*: Offenheit, Vorurteilslosigkeit, überzeugt sein von der menschlichen Lern- und Entwicklungsfähigkeit
Sozial und kommunikativ: Klare zielgerichtete Kommunikation, Fähigkeit, zu ermutigen und zu motivieren
Professionell: Lernen als notwendiges Element des Wandels, Kulturfaktoren von Unternehmen analysieren, Arbeitsorganisation verstehen
Methodisch: Lernförderliches Klima schaffen, auf Lernstile eingehen und Bedürfnisse des Unternehmens verstehen und balancieren

Fertigkeiten/
Fähigkeiten   Anwendung methodischer Ansätze, analytische Fähigkeiten
Gezielte Konzeptanwendung
Motivation zur Leistungsverbesserung

Damit wird dem Lernbegleiter nicht nur eine methodische Kompetenz abgefordert, sondern auch eine besondere persönliche Haltung zum Lehren und zum Lernen.

Das Lernfeldkonzept in der Erstausbildung

In der Bundesrepublik hat sich das Lernfeldkonzept für die Berufsschulen entwickelt. Die Kultusministerkonferenz (KMK) der Bundesländer war und ist hier maßgebend beteiligt. Seit über 10 Jahren ist man nun bemüht, dieses Lernfeldkonzept auf die Erstausbildung zu adaptieren.

Lernfelder und arbeitsprozessorientierte Didaktik haben ein gemeinsames Ziel, eine wirkungsvolle und zukunftsfähige Berufsbildung klarer zu profilieren. Dennoch ist dieses Konzept als auch seine Umsetzung praktisch, organisatorisch und wissenschaftlich weiter zu entwickeln. Mit dieser Bilanz schloss die 20. Fachtagung der BAG Elektrotechnik Informatik und der BAG Metalltechnik vom 23. April - 24. April 2010 in Mannheim und Heidelberg (http://bag-metalltechnik.de).

Becker erklärt zu dessen Problematik, dass Lernfelder mit einer arbeitsprozessorientierten Didaktik einen Zusammenhang zwischen den empirisch ermittelten Herausforderungen eines Arbeitsprozesses herstellen, den in der praktischen Arbeit identifizierten beruflichen Kompetenzen[39] und den Qualifikationen,

---

[39]   Vgl. Becker, Matthias (2008): Ausrichtung des beruflichen Lernens an Geschäfts- und Arbeitsprozessen als didaktisch-methodische Herausforderung. In: Berufliche Lehr-/ Lernprozesse - Zur

die für den Beruf erforderlich sind. Nach Becker handelt es sich hierbei nur um ein (curriculares) Konstrukt, da berufliches Lernen auf berufliches Handeln ausgerichtet ist. Dies spiegelt sich auch im Begriff der beruflichen Handlungsfähigkeit wider. Der Arbeitsprozess stellt einen vollständigen Arbeitsablauf dar, der als betrieblicher Arbeitsauftrag zu einem Arbeitsergebnis ausgeführt wird.

Für das Lernfeldkonzept bedeutet dies eine Verschränkung von situiertem Lernen mit fachsystematischen Elementen. Für eine lernförderliche Struktur sind also die beruflichen Handlungsfelder mit ihren Aufgabenstellungen und Problemen aus der Sicht des Subjektes zu erschließen. Becker schlägt *prototypische Beschreibungen* vor, die wiederum einen Arbeitsprozessbezug für das berufliche Lernen herstellen. Es geht um exemplarische Erfassung und Beschreibung von Lern- und Arbeitsaufgaben, die den gesamten Ablauf des Produktes berücksichtigen. Darin wird Selbstlernen zu einer organisatorischen und strukturellen Herausforderung für eine Personalentwicklung. Die nachfolgende Abbildung verdeutlicht, was alles für eine prototypische Beschreibung eines subjektorientierten Vorgehens zu berücksichtigen wäre:

Lern- und Arbeitsaufgabe als Lernsituation

- Berufliche (betriebliche) Aufgabenstellungen erstellen (Lern- und Handlungsfeld)
- Auswahl einer Lern- und Arbeitsaufgabe
- Bestimmung der Lernsituation aufgrund des Lern- und Handlungsfeldes

Sequenzierung des Arbeitsprozesses in Arbeitsprozessschritte

- Auftragsannahme, -gespräch, Informationsbeschaffung, -auswertung, persönliches Wissen, Auftragsplanung, Fehlerdiagnose, -durchführung, Arbeitsqualität, Auftragsabschluss, Dokumentation
- Ableitung von (Lern-) und Handlungsschritten
- Werkzeuge, Methoden und Medien

Abbildung 15: Subjektorientiertes Vorgehen nach Becker[40]

Vermessung der Berufsbildungslandschaft. bwp@. Ausgabe Nr. 14. Juni 2008. Online: http://www.bwpat.de/ausgabe14/becker_bwpat14.pdf) S. 1-15.

40 Vgl. ebenda.

Aus der Perspektive des Lerners ist es wichtig, dass er ein konkretes Ergebnis erzielt und dass daran aufgaben- und tätigkeitsbezogene Kompetenzen und Qualifikationen dokumentiert werden können. Dies ist nicht nur für seine persönliche und berufliche Entwicklung bedeutsam und von substanzieller Natur, sondern auch für das Unternehmen, in dem er seine Berufs- und Bildungsbiographie beginnt. Diesen Zusammenhang verdeutlicht nachfolgende Abbildung:

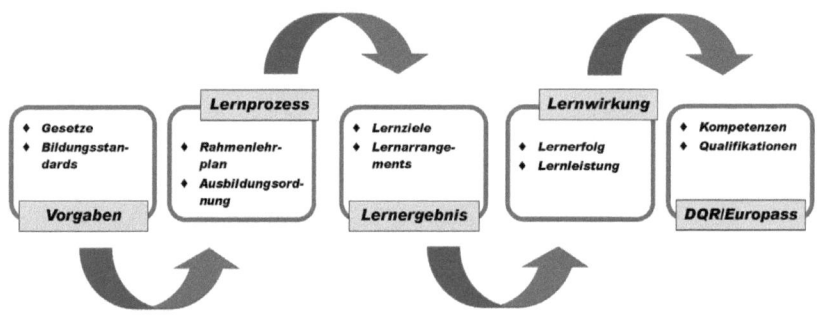

Abbildung 16: Der subjektorientierte Lernverlauf

Im Rahmen dieses Ablaufes gibt es genügend Schnittstellen zur Personalentwicklung, die die Persönlichkeitsentwicklung von Mitarbeitern im Auge hat. Grundsätzlich ergeben sich jedoch für den Aufbau einer lernförderlichen Lernkultur nachfolgende Organisationsaufgaben:

Rahmenbedingungen für das Lernen im Unternehmen	Organisationsaufgaben im Rahmen einer lernförderlichen Lernkultur
normativ	➢ lernorientierte Unternehmensleitlinien ➢ Erwartungsformulierung an lernende Mitarbeiter
strukturell und formal	➢ Veränderung von Organisationsstrukturen ➢ Entgelt- und Anreizsysteme ➢ Arbeitszeitgestaltung
personell	➢ lernorientierte Führungsleitlinien und –grundsätze ➢ lernunterstützende Aufgaben der Führungskräfte definieren
inhaltlich	➢ Informationsweitergabe ➢ Wissensaustausch ➢ Lernnetzwerke

Tabelle 3: Rahmenbedingungen für eine lernförderliche Lernkultur[41]

Mit diesen Veränderungen sind die Verhaltensanforderungen immens: sie gehen mit Einstellungsveränderungen und neuen Verantwortlichkeiten einher.

Selbstlernen mit dem Konstruktivismus – Wissensarbeiter im Übergang

Nach Hoffschroer (2009) stellt Bank (2005) bei seiner begrifflichen Rekonstruktion eine enge Beziehung zwischen den Begriffen *Erziehung, Bildung, Schlüsselqualifikation, Kompetenz und Qualifikation* her. Diese Begriffe werden als Ziele im Erziehungszusammenhang bei unterschiedlichen Eskalationsstufen eines didaktischen Determinismus zugeordnet.

„Er geht dabei von einem Erziehungsbegriff aus, der mindestens ein bipolares, kommunikatives System beschreibt, in dem der Zuerziehende durch den Erzieher dahin geführt wird, in einer Verhaltenskomponente erfolgreich handeln zu können. Die Verhaltenskomponente ist dabei immer mit einer Inhaltskomponente verknüpft,

---

[41] Sonntag, Karlheinz ; Schaper, Niclas , Friebe, Judith (2005): Erfassung und Bewertung von Merkmalen unternehmensbezogener Lernkulturen. In: Arbeitsgemeinschaft Betriebliche Weiterbildungsforschung e.V./ Projekt Qualifikations-Entwicklungs-Management (Hg.). Kompetenzmessung im Unternehmen. Lernkultur- und Kompetenzanalysen im betrieblichen Umfeld Band 18. Edition QUEM. Münster ; New York ; München ; Berlin: Waxmann. S. 103-105.

da sich Verhalten stets unter Bezug auf einen Gegenstand manifestiert. Beide Komponenten kommen nach Bank in lebensweltlichen Situationen zustande. Inhalt, Verhalten und Situation sind somit als Beschreibungs- und Zielkomponenten eines didaktischen Determinismus zu verstehen."[42]

Um diesen didaktischen Determinismus in der Praxis fördern zu können, unterstützt die Didaktik des Selbstorganisierten Lernens (SOL) den *kommunikativen Erziehungsprozess* aus einer organisationspsychologischen Sichtweise.

Eine konstruktivistische Lernkultur muss auf den einzelnen Ebenen eines Unternehmens ebenso organisiert werden[43], wie die Möglichkeiten für eine aktive Wissenskonstruktion durch das Individuum. Das selbstgesteuerte Lernen ist darin ein Teilprozess des Selbstorganisierten Lernens, das selbstregulierte Lernen ist ein Teilprozess des selbstgesteuerten Lernens. Auf der Akteursebene liegen beide in einem pädagogisch-psychologischen Entscheidungsfeld, zwischen organisierter Fremd- und individualisierter Selbststeuerung. Für Bildungsakteure wird dies zu einer bildungspolitischen und ökonomischen Herausforderung.

Die nachfolgende Tabelle verdeutlicht und fasst noch einmal die bisherigen Sachverhalte zusammen und leitet über zu einem psychologischen Konstruktivismus.

Strukturmodell offener und dynamischer Berufsbilder[44]		
Kernkompetenzen	**Fachkompetenzen**	**Betriebsfenster**
Schlüsselprozesse einer beruflichen Domäne, Branche oder von Unternehmensprozessen	Berufsbezogenes Tätigkeitsfeld	Spezialisierungen des Unternehmens
Betriebliche Organisation		
Fremdsteuerung		Selbststeuerung

[42] Hoffschroer, Michael (2009): Berufsbildungsberatung – Begründung und Präzisierung eines handwerksspezifischen Konzeptes. Dissertation. Universität Köln. Online: http://kups.ub.uni-koeln.de/volltexte/2009/2657/pdf/090209_Diss_MHoffschroer.pdf

[43] Vgl. Sonntag, Karlheinz ; Stegmaier, Ralf (2007): Arbeitsorientiertes Lernen. Zur Psychologie der Integration von Lernen und Arbeit. In: Heuer, Herbert; Rösler , Frank; Tack, Werner H. (Hg.): Standards Psychologie. Stuttgart: Kohlhammer. S. 251.

[44] Analyse nach: Bank, Volker (Hg.) (2005): Vom Wert der Bildung. Bildungsökonomie in wirtschaftspädagogischer Perspektive neu gedacht. Bern, Stuttgart, Wien: Haupt.

Anleitung	Lehr-Lern-Arrangement	Aneignung
Arbeits- und Lerngegenstand	Lernumgebung	Lernstrategieanwendung und Kontrollstrategien

erfordert eine
PASSUNG
für die Durchführung
Individuelle Lernhandlungen

Analyseergebnisse nach Sonntag/Stegmeier[45]	Analyseergebnisse nach Walber[46]	Analyseergebnisse nach Walber[47] und Winter[48]
Selbstorganisiertes Lernen mit Handlungsspielräumen	Selbststeuerung als äußere Steuerung	Selbstregulation als innere Steuerung
Wozu, warum und womit lerne ich?	Wann, womit und mit wem lerne ich?	Warum, wie und was lerne ich?
Organisieren – realitätsnahe Lern- und Arbeitsaufgabe erstellen anhand von Merkmalen: problemhaltig, abwechslungsreich,	Lernprozess planen – auf Lernbedingungen vor Ort anpassen, z.B.: Lernziele, Lerninhalte, Lernmethode, Lernmedien	Fähigkeit Selbstlernen: sich selbst einschätzen, einen Plan erstellen, Kontrolle und Korrektur, sich selbst überwachen,

[45] Sonntag, Karlheinz ; Stegmaier, Ralf (2007): Arbeitsorientiertes Lernen: Zur Psychologie der Integration von Lernen und Arbeit. Stuttgart: Kohlhammer. In: Heuer, Herbert; Rösler, Frank ; Tack, Werner H. (Hg.): Standards Psychologie. Stuttgart: Kohlhammer.

[46] Walber, Markus (2007): Selbststeuerung im Lernprozess und Erkenntniskonstruktion. Eine empirische Studie in der Weiterbildung. Dissertation. Internationale Hochschulschriften. BD 501. Münster: Waxmann.

[47] Ebenda.

[48] Winter, Claudia (2007): Analyse und Förderung selbstregulierten Lernens durch Self-Monitoring. Schriften zur pädagogischen Psychologie. Band 31. Hamburg: Verlag Dr. Kovac.

vollständig mit qualifikatorischem Nutzwert	Lerntempo Festlegen: was und wie etwas zu bewerten und zu beurteilen ist Begründung	sich bewerten, Beurteilen, Reflektieren Dokumentieren

Der theoretische Ansatz

Konstruktivistische Lernkultur[49]	Situationsbezogene Lernbegleitung[50]	Subjektivistische Lernsituation[51]
Wissen zur Verfügung stellen	Wissen anbieten	Wissenselemente aneignen
Angebotsorientierte Gestaltung einer Lernumgebung	Interaktion und Kommunikation	Zusammenhang von Kognition und Emotion
Anregende Lern- und Arbeitsgegenstände Materialien, Medien	Lehr- und Lernkopplung Verständnis und Verstehen	Wissenskonstruktion auf der Grundlage eines psychologischen Konstruktivismus, Entwicklung von Konstrukten durch Perspektivwechsel

Tabelle 4: Taxonomie – Dimensionen eines Konzeptes zum Selbstlernen

---

[49] Vgl. Riedl, Alfred ; Schelten, Andreas (2006): Handlungsorientiertes Lernen. Aktuelle Entwicklungen aus der Lehr- und Lern-Forschung und deren Anwendung im Unterricht. Unterlagen für die Teilnehmer der Fortbildung. Lehrstuhl für Pädagogik. Technische Universität München. Fakultät für Wirtschaftswissenschaften. Fortbildung für Lehrerinnen und Lehrer an beruflichen Schulen. 14. Februar 2006. Online: http://www.lrz.de/~riedlpublikationen/pdf/lfhuriedlschelten.pdf

[50] Walber, Markus (2007): Selbststeuerung im Lernprozess und Erkenntniskonstruktion. Eine empirische Studie in der Weiterbildung. Dissertation. Internationale Hochschulschriften. BD 501. Münster: Waxmann.

[51] Vgl. Westmeyer, H. (2002). Der individuumbezogene Konstruktivismus von George A. Kelly. In: Psychologische Beiträge, 44, 325-333.

Ein Lernen, das sich an Handlung orientiert, schließt gedankliche Konstruktionen als (Lern-)handlungen mit ein. Damit liegt das pädagogisch-psychologische Interesse – im Allgemeinen wie im Besondern – auf der Entwicklung einer persönlichen Mündigkeit sowie auf der Entfaltung einer Persönlichkeit. Diese Ziele lassen sich nicht nur mit einem psychologischen Konstruktivismus verbinden, sondern auch mit den Zielen junger Erwachsener in einer Wissensgesellschaft. Die Vermittlung berufstypischer und berufsübergreifender Qualifikationen und Kompetenzen spiegeln nicht nur das Interesse der Wirtschaft wider, geeignete Arbeitskräfte für Innovationen einsetzen zu können, sondern die Verwertbarkeit dieser Qualifikationen und Kompetenzen beziehen sich auch auf das Interesse von Arbeitnehmern, ihre materielle Existenz und soziale Sicherung absichern zu können. Damit kann dem Qualifikationsbegriff eine nicht unbedeutende Funktion für das Erlernen eines Berufes und für den Erhalt von Beschäftigungsfähigkeit zugeschrieben werden. Mit der Entwicklung personenbezogener Kompetenzen ist ein Wertewandel zu verzeichnen. Dabei ist davon auszugehen, dass ‚lernen zu lernen‘ zu einem strategischen Element einer persönlichen Berufs- und Bildungsbiografie geworden ist.[52]

Konstruktivistische Lernkultur

Organisationskulturen fungieren als Orientierungsmuster. Sie lassen sich aus Verhaltenserwartungen, die ein Unternehmen an seine Mitarbeiter hat, erschließen. Infolgedessen bedarf jede Organisationskultur der Interpretationsleistung einzelner Individuen, denn sie sind es, die mit den alltäglichen Handlungen, Wissen und Verfahrensweisen vertraut sind. Damit dieses Wissen kommuniziert werden kann und wird, sind von der Organisationskultur Handlungsspielräume zur Verfügung zu stellen. So können Organisationsmitglieder interagieren und kommunizieren. Es entsteht eine Lernkultur, die geprägt ist von sozialen Normen, unternehmerischen Werten, täglichen Routinen und Wissensbeständen. Eine neue Lernkultur entwickelt sich allerdings nur unter bestimmten Voraussetzungen aus einer bestehenden Unternehmens- und Organisationskultur zu einer konstruktivistischen Lernkultur.

Für ihre Entwicklung wird das Lernen zu einer internen Funktion eines individuellen Erkenntnisprozesses, denn das Wissen wird vom Lerner aktiv hervorgebracht. Dabei ist zu berücksichtigen, dass Lernen aus Handeln entsteht

---

[52] Vgl. von Felden, Heide (2004): Lebenslanges Lernen, Bildung und Biographie. Zur Verknüpfung von Bildungs- und Biographieforschung. Antrittsvorlesung. Johannes Gutenberg Universität Mainz. Online: http://www.uni-mainz.de/FB/Paedagogik/Erwachsenenbildung/vortragvonfelden.pdf

bzw. Lernhandlungen aus (Lern-)Erfahrungen resultieren. Dabei wird der Lerner von seinem eigenen psychischen System her bestimmt, d.h. von seinen Eindrücken und Anregungen, von Aufgaben bzw. Tätigkeiten, räumlicher Verortung und dem sozialen System wird sein affektiv-kognitives System dazu angeregt, seine Konstrukte zu modifizieren. Er folgt dabei allerdings einer eigenen Logik. Hier werden auch Routinen angewendet, überprüft, erneuert oder verworfen. Aber das Lernen und der Kontext in dem gelehrt und gelernt wird, sind für den Perspektivwechsel unausweichlich.[53]

Betriebsbezogenes Lernen kann somit gelingen, wenn ein Arbeitnehmer Belehrung durch andere selbst aufkündigt, um selbstorganisiert und selbstbestimmt zu lernen. Es kann auch gelingen, wenn eine Aus-, Fort- oder Weiterbildungsmaßnahme als Bringschuld für das Unternehmen abverlangt wird. In der ersten Form findet ein selbstgesteuertes Lernen statt, weil es von ihm selbst gewollt ist; in der zweiten Form ist sie vom Vorgesetzten zur Pflicht auferlegt worden.

Unternehmen sind variabel und zugleich starr, werden doch Produkte, die dort hergestellt werden, von arbeitenden Menschen gemacht. Unternehmen sind andererseits ein Spiegel unserer Gesellschaft und Wissenschaft. So ist es nicht verwunderlich, dass die Wertewandelforschung in periodischer Abfolge Indikatoren für Veränderungen formuliert und Fragen aufwirft.

Bezüglich der Bildung seit den 90iger Jahren stellte die Wertewandelforschung ein erneutes Umkehren fest.[54] In ihrer Studie zum Bildungsverständnis wirft sie dazu nachfolgende Fragen auf, die sie zugleich beantwortet:

1. Welches Ziel soll Bildung haben? Damit ist die aktuelle Frage nach der Adaptivität der Subjekte gemeint. Derzeit zeigt sich eine angestiegene Leistungs- und Anpassungsbereitschaft von Individuen und Gruppen.

2. Was für eine Bildung soll Bildung beinhalten? Hier geht es um eine Relativierung der Inhalte. Die Werte werden den veränderten Gegebenheiten jeweils angepasst.

3. Welche Funktion soll Bildung haben? Bei der Funktionalität der Konzepte müssen die Werte in bestimmten Zusammenhängen einen zusätzlichen Nutzen aufweisen, um als wichtig erachtet zu werden (siehe auch www.pisa-bildung.de).

---

[53] Vgl. Bergmann, Gustav ; Daub, Jürgen ; Meurer, Gerd (2006): Metakompetenzen und Kompetenzentwicklung. In: QUEM-report. Schriften zur beruflichen Weiterbildung. Heft 95/Teil II. S. 58.

[54] Raidt, Tabea (2009): PISA: Katalysator im bildungspolitischen Paradigmenwechsel. Dimensionen des Wertewandels im Bildungswesen. Dissertation. Heinrich-Heine-Universität Düsseldorf.

Diese *neuen-alten* Werte lassen sich gut mit den Wünschen Jugendlicher nach Handlungsorientierung und zusätzlichen Informationen verbinden; zeigen sie doch, dass Beruf, Aufgaben und Tätigkeiten sich mit persönlichen Interessenslagen verknüpfen lassen (müssen). Um es neurodidaktisch zu formulieren: in einem eigenständigen Organisationsprozess des Ichs wird mit Unterstützung des Perzeptionssystems, also in der Auseinandersetzung mit der Umwelt, eine *innere Wirklichkeit von Welt* konstruiert. Folta untermauert diese Sichtweise: danach sind es die Augen, die die Informationen für das Gehirn spiegeln. Bei ihnen fließen Informationen ein, erzeugen nicht nur ein Muster, die Charakteristisches erfassen, sondern ebenda auch elektrische Impulse, die chemisch übersetzt werden. Lernen als Schutzmechanismus wird zur Erfahrung und Erfahrung ist wiederum Basis für viele Variationen. Neuro-Konstruktionen dienen dem Aufbau von Erinnerungen. Wissen dient darin als Schablone. Mit Schablonen reduzieren wir die Komplexität der Informationsaufnahme. So können wir neue Informationen zunächst mit uns bekannten Schablonen vergleichen und diesen zuordnen. Somit können wir auch aus relativ diffusen Informationen Zusammenhänge erkennen.[55]

Unsere Wirklichkeit ist ja nicht die Wirklichkeit, wie Schüßler in ihrem kritischen Beitrag zum konstruktivistischen Lernen feststellt.[56] Mit Hilfe dieses Grundsatzes ist es leicht festzustellen, dass für den Konstruktivismus per se kein einheitliches Theoriegebilde vorliegt. Seine Idee und sein Konzept sind vielmehr als Entstehungsprozess subjektiver Konstruktionen zu betrachten. Dabei wird der individuellen Wahrnehmung; Interpretation und Konstruktion eine stärkere Bedeutung beigemessen.[57]

Um den Konstruktivismus in seiner *Urform* verstehen zu können, sind die Ausführungen von Mitschian sehr hilfreich. So schreibt er:

---

[55] Folta, Kristian (2009): Die perfekte Illusion. Wie unser Gehirn lernt, die Wirklichkeit zu konstruieren. Vortrag an der GenerationenHochschule Harz. Hochschule für angewandte Wissenschaften in Wernigerode. 09.Juni 2009.

[56] Schüßler, Ingeborg (2005): Paradoxien einer konstruktivistischen Didaktik. Zur Problematik der Übertragung konstruktivistischer Erkenntnisse in didaktische Handlungsmodelle – theoretische und praktische Reflexion In REPORT (28) 1. S. 88-94.

[57] Vgl. Konrad, Klaus (2004). Förderung und Analyse von selbstgesteuerten Lernen in kooperativen Lernumgebungen: Bedingungen, Prozesse und Bedeutung kognitiver sowie metakognitiver Strategien für den Erwerb und Transfer konzeptuellen Wissen. Habilitationsschrift. Pädagogische Hochschule Weingarten. S. 42. Online: http://opus.bsz-bw.de/hsbwgt/volltexte/2005/9/pdf/konrad_habil.pdf

„In Sachen Konstruktivismus ist nichts einfacher, als sich kompliziert auszudrücken. Autopoiesis, Selbstreferentialität, Perturbanzen und andere Termini helfen dabei, diesen Effekt zu erzeugen."[58]

Nach Mitschian konzentriert sich der Kern des Konstruktivismus auf die Aussagen Heinz von Foersters, wonach das Nervensystem nur ein einziges Wort erkennt, nämlich *Klick*.[59] So ähnlich wie eine elektrische Entladung eines Lautsprechers wird das Klicken sein. Das leiten die Nervenzellen an die Neuronen des Gehirns weiter und daraus baut sich das menschliche Gehirn sein *Wissenssystem* auf. Da das Gehirn über keinen unmittelbaren Zugang zur Außenwelt verfügt und von den Sinnesorganen nur dieses Klicken erhält, kann es die Realität nicht irgendwie abbilden, sondern muss aus diesen rudimentären Zeichen eine eigene, kognitive Welt aufbauen. An der Frage, ob für diesen Vorgang eine reale Welt überhaupt benötigt wird oder nicht, erkennt man die radikalen Konstruktivisten. Diese kommen ganz ohne die Annahme einer tatsächlich vorhandenen Welt aus: ohne ein Individuum, welches sie erkennt, kann die Welt nicht existieren. Aber unabhängig davon, ob es nun eine reale Welt gibt oder nicht, muss sich die kognitive Welt des Gehirns ganz aus sich selbst heraus organisieren. Aus den Klicks der Nervenzellen konstruiert jedes Individuum seine eigene Weltansicht, indem neu von den Sinnesorganen eintreffende, aber auch intern selbst erzeugte Informationen entweder so lange verändert werden bis sie in die vorhandene Wissensstruktur passen oder das vorhandene Wissen so umgestaltet wird, dass es die neuen Informationen konfliktfrei aufnehmen kann. Da aber die eintreffenden Klicks nur dann zu Informationen werden, wenn sie vom Gehirn mit Sinn, mit Bedeutung verbunden werden, zeigt sich das Gehirn als selbstreferentiell, als auf sich selbst Bezug nehmend. Es schafft und erneuert sein Wissen selbst (Autopoiesis), tut dies nach eigenen, seiner Beschaffenheit entsprechenden Gesetzmäßigkeiten (autonom) und ist deshalb von außen nur bedingt zu beeinflussen. Was von dort kommt, wird als Perturbanz empfunden, als Störung, die sich durch die Integration in den Wissensbestand beseitigen lässt oder eben einen Umbau des vorhandenen Wissens bewirkt.

---

[58] Mitschian, Haymo (2001). Konstruktivismus als neue Leitwissenschaft für das Sprachenlernen? Ideengeber und Prüfstein. Positionen In: DIE ZEITSCHRIFT IV/2001. S. 22f. Online: http://www.diezeitschrift.de/42001/mitschian01_01.pdf

[59] Vgl. ebenda, S. 22.

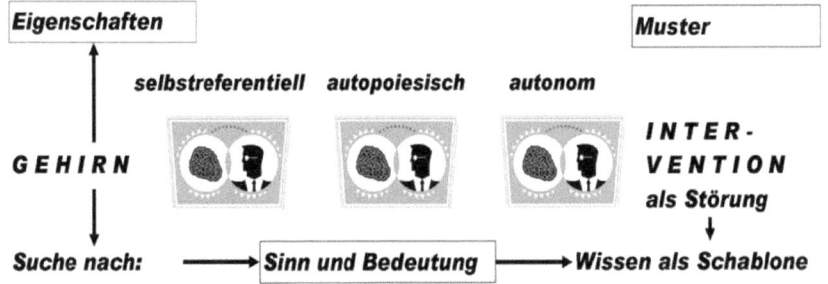

Abbildung 17: Sinn und Bedeutung als Basis eines
Informationsverarbeitungsprozesses[60]

Das individuell determinierte Vorwissen muss allerdings so beschaffen sein, dass es dem Individuum ein möglichst konfliktfreies Agieren in seiner Umwelt erlaubt. Die vorhandenen Wissensstrukturen konnten sich nur deshalb etablieren, weil sie bislang fähig waren, alle auftretenden Turbulenzen zu beseitigen. Das Gehirn ist also nicht völlig von der Außenwelt isoliert, sondern durchaus in der Lage, auf Umweltreize zu reagieren. Es ist zur Entwicklung einer Wissensstruktur sogar auf möglichst vielfältige Impulse von außen angewiesen, die es jedoch nicht direkt aufnimmt, sondern nur über die Interpretation der *Klicks*, die ihm von den Nervenzellen übermittelt werden.

Konstruktivistische Didaktiker sehen nur die Gehirnleistungen des Gehirns. Die darin ablaufenden Informationsverarbeitungsprozesse sind aber nicht ohne Bedeutung für die Kontexte, in denen sie ablaufen. Für die Gestaltung einer anregenden Lernumgebung müssen auch die Eigenschaften, das Leistungsvermögen und Kapazitätsbegrenzungen für Informationsverarbeitungsprozesse bedacht werden. In dieser Art von Lernumgebung kommt das lernende Individuum mit Ereignissen und Erlebnissen in Kontakt, die Veränderungen im kognitiven System hervorrufen. Die Kennzeichnen einer solchen *reichen* Umgebung sind nach Euler (1998)[61]

- Situiertheit: Wissen wird in authentische, praxisnahe Situationen eingebettet, die Interesse wecken und zur Auseinandersetzung mit den Lerninhalten motivieren.

---

[60] Erstellt von der Autorin.
[61] Euler, Dieter (1998): Berufliches Lernen im Wandel – Konsequenzen für die Lernorte? Dokumentation des 3. Forums Berufsbildungsforschung 1997 an der Universität Erlangen-Nürnberg. Beiträge zur Arbeitsmarkt- und Berufsforschung 214, Nürnberg.

- Perspektivenwechsel: Um den späteren Transfer auf vergleichbare Anwendungen vorzubereiten, dürfen die Lerngegenstände nicht untrennbar an eine einzige Situation gebunden werden. Es müssen allgemeine Prinzipien und Regeln zu erkennen sein.
- Lernen findet im sozialen Kontext statt, in welchem Auseinandersetzung mit anderen, sei es direkt oder medial, vermittelt wird. Nur im sozialen Kontakt entstehen die Umweltstimuli, die als Perturbanzen das Gehirn erreichen und dort Veränderungen ... bewirken.

Andere Merkmale der Selbstbestimmtheit von Lernvorgängen sind für eigenständige Konstruktionen notwendig. Dazu gehört auch die Vielfalt der Vermittlungswege und offene Lernformen und -verfahren[62], nicht zu vergessen die Lernstrategien[63], die für eine einzige Fragestellung zur Lösung einer Aufgabe oder Tätigkeit herangezogen werden. Die perspektivistische Betrachtung erlaubt es, ein Ding von vielen Seiten anzuschauen.

Lerntheoretische Grundlagen

Die Informationsverarbeitungsprozesse können als Vorstufe für individuelle Konstruktionen und für soziale (Wissens-)Konstruktionen angesehen werden. Erst im Austausch von Informationen und Wissen kann *neues* Wissen entstehen. Daraus lässt sich wiederum eine lerntheoretische Position erarbeiten, die in Grenzen einem konstruktivistischen Systemansatz gleichkäme, bei welchem die Organisation des Lernprozesses im Vordergrund steht. Dieser sei nachfolgend kurz skizziert.

- Konstruktivistisches Lernen ist situiertes Lernen;
- dadurch bekommt die Lernumgebung eine besondere Bedeutung zugewiesen.
- Konstruktives Lernen hat eine kognitionstheoretische Orientierung inne, weil an kognitiven Prozessen Operationen, Metakognitionen und Reflexionen beteiligt sind.
- Ein Individuum nimmt Informationen in selektiver Weise auf, d.h. vor dem Hintergrund von Erfahrungen, Kenntnisständen und Entwicklungsphasen.

---

[62] Werning, Rolf (1998): Konstruktivismus. Eine Anregung für die Pädagogik? In: Pädagogik, Heft 7-8. S. 39-41.
[63] Wolf, Dieter (1997): Lernstrategien. Ein Weg zu mehr Lehrerautonomie. Bergische Universität. Gesamthochschule Wuppertal. Online: http://paedpsych.jk.uni-linz.ac.at:4711/LEHRTEXTE/Wolff98.html

- Konstruktionen stellen immer einen individuellen Entwicklungs- und Erfahrungsstand dar, weil ihm bestimmte Wahrnehmungs-, Verstehens-, Deutungs- und Verarbeitungsmuster oder -schemata zur Verfügung stehen.[64]

Psychologischer Konstruktivismus beschäftigt sich daher mit der individuellen Verwendung von Informationen und Ressourcen, auch mit der Unterstützung durch andere. Wissenschaftler in diesem Bereich interessieren sich für individuelles Wissen, Überzeugungen, das Selbstkonzept oder befassen sich mit Identitätsfragen. In der pädagogischen Psychologie wird Piaget als erster Konstruktivist bezeichnet. Nach Piaget entsteht Wissen, wenn es transformiert, organisiert und reorganisiert werden kann. Exploration und Entdeckung sind für ihn wichtiger als Unterweisung. Wissenskonstruktion in der Tradition von Wygotski bedeutet, dass auf der Grundlage von sozialen Interaktionen und Erfahrungen Wissen entsteht. Dazu gehört Entdecken durch Anleitung, Lehren, Vorbilder, Vorführen, Training und Vorwissen. Alles das wirkt auf das Lernen ein.[65] In diesem Dualismus einer wissenschaftstheoretischen Positionsfestlegung wird der psychologische Konstruktivismus zu einem verbindenden Element.

Psychologischer Konstruktivismus - G. Kelly

George Kelly (1905-1967) arbeitete – heute würde man sagen – als klinischer Therapeut. Bei seiner Arbeit machte er die Entdeckung, dass es Menschen, die zu ihm kamen, wichtig war, *eine Erklärung für ihre Schwierigkeiten* zu erhalten. Sie wollten verstehen und ein wenig Ordnung in ihrem Leben haben.

Basierend auf diesen Einsichten entwickelte Kelly seine Theorie und Philosophie. Seine Philosophie nannte er *konstruktiven Alternativismus*. Das heißt, während es nur eine wahre Realität gibt, wird sie jeweils aus einer anderen Perspektive, als alternatives Konstrukt, erfahrbar. Seine Theorie begründet er auf einer Metapher, die er zwischen gewöhnlichen Leuten und Wissenschaftlern herstellte. Hier sein Beispiel:

„Gewöhnliche Leute haben Konstrukte ihrer Realität erschaffen, genauso wie Wissenschaftler die ihre Theorien zusammenstellen."[66]

---

[64] Vgl. Schelten, Andreas (2000). Konstruktivistische Lernauffassung und Hochschullehre. S. 3. Online: http://www.lrz.de/~scheltenpublikationen/pdf/konleschelten2000prs.pdf

[65] Vgl. Woolfolk, Anita (2008): Pädagogische Psychologie. 10. Auflage. PEARSON Studium. S. 9.

[66] Vgl. Boeree, C. George. (2006). Persönlichkeitstheorien: George Kelly (1905 – 1967). Deutsche Übersetzung von D. Wieser M.A. 2006 Online: http://www.social-psychology.de/do/PT_kelly.pdf

Kellys Theorie besteht nun im Kern aus einem fundamentalen Postulat und 11 Schlussfolgerungen. Sein fundamentales Postulat befasst sich mit der Erwartungshaltung eines Menschen. Hierzu heißt es:

„Die Prozesse eines Menschen sind psychologisch in der Weise kanalisiert, wie dieser Mensch Ereignissen entgegensieht."[67]

Vor diesem Leitsatz werden die 11 Schlussfolgerungen gebündelt und den nachfolgenden Kategorien zugeordnet.

Eigenschaften des Konstruktes	sein Ziel	Funktion
1. bezieht sich auf Vergangenes	soll angepasst werden	rekonstruiert
2. setzt auf Erfahrung, Muster	strebt	nach Konsistenz
3. Erfahrung bedeutet eine transparente Schablone einsetzen zu können	leitet	beziehen sich auf Wahrnehmung und Verhalten
4. sind unabhängig, untergeordnet	verändert Konstellationen	stellen eine Beziehung her, lockern auf, erbringen alternative Konstruktionen

[67] Ebenda.

5.	sie sind hilfreich, allgemein, durchlässig, individuell, lassen auswählen, erzeugen Bestätigung	Offenheit Einschränkung Erweiterung	erweitern verengen ergänzen
6.	Gemeinschaft	Suchfunktion	das Gleiche (Ähnlichkeit)

Tabelle 5: Das Konstrukt, seine Eigenschaften, Ziele und Funktionen[68]

Schon lange wissen Wissenschaftler, dass Kognition und Emotion zusammengehören. Luc Ciompi betont dies noch einmal und weist auf den ausdrücklichen Zusammenhang und die Wechselwirkungen von Kognition und Emotion hin. Aber Emotionen folgen ihrer eigenen „Logik" und es ist daran zu denken, dass Kognitionen affektiv verankert sind. Affekte steuern Kognitionen. Kognitionen hingegen können nur bedingt Affekte regulieren. Mit diesem Umkehrschluss lassen sich Konstrukte als ganzheitliche *Denk-, Fühl-, und Verhaltensprogramme* von Menschen beschreiben. Nach Ciompi werden außerdem alle kognitiv-sensorischen Informationen, die das Gehirn erreichen, affektiv eingefärbt.

Die Logik erfasst die Art und Weise, wie kognitive Inhalte miteinander verknüpft werden. Mit dieser Definition geht es vor allem um die Feststellung, wie in einem bestimmten Kontext tatsächlich gedacht wird. Wie man sich vorstellen kann, gibt es in diesem Sinne nicht nur eine einzige Logik, sondern viele. Trotzdem gilt: *der Modus der Verknüpfung von kognitiven Elementen* begründet nur eine Logik - die des Individuums (Modus der Ähnlichkeit).

Darin beinhaltet der konstruktivistische Ansatz die Annahme, dass eine Persönlichkeit als ein *Selbst* existiert. So erlebt es Gefühle, reflektiert und handhabt diese. Darin interagieren Emotionen mit Kognitionen. Sie sind von der jeweiligen Situation, als auch von der ihn umgebenen Kultur abhängig. Sie werden in der Folge auch als identitätsbildend angesehen.

Emotionen haben nach dem Verständnis der fraktalen Affektlogik von Ciompi eine Operatorwirkung, d.h. sie bewirken eine kognitive Dynamik. Aber nicht nur das, auch der Fokus der Aufmerksamkeit wird durch sie bestimmt und

---

[68] Vgl. Schelten, Andreas (2000). Konstruktivistische Lernauffassung und Hochschullehre. Online: http://www.lrz.de/~scheltenpublikationen/pdf/konleschelten2000prs.pdf

die Art der Informationsspeicherung. Affekte verbinden einzelne kognitive Elemente, bestimmen die Hierarchie der Denkinhalte bei gleichzeitiger Reduktion der Komplexität. Die affektiven Operatorwirkungen besitzen auf das Denken, sowohl auf der individuellen Ebene, als auch auf kollektiver Mikro- und Makroebene die Eigenschaft der Selbstähnlichkeit (fraktal). Damit erklärt sich der Begriff fraktale Affektlogik.

Erst die affektive Färbung von kognitiven Gestalten jeder Art und ihre Dimension, wie auch einzelne Sinnesreize, Gegenstände, Personen oder Ideen bis zu ganzen Theorien und Ideologien verleihen dem Denken Richtung und Bedeutung. Sie schaffen Kohärenz in der momentanen Situation, auf Zeit stiften sie Sinn – und den braucht ein Lerner.

Der Entwurf Ciompis der fraktalen Affektlogik ist der Versuch, die emotionalen Grundlagen des Denkens und der Emotionen in individuellen Mikro- und sozialen Makroprozessen unter einheitlich systemdynamischen Gesichtspunkten zu verstehen. Er lässt sich mit den grundlegenden Annahmen eines Konstruktivismus, vor allem aber mit dem eines *neuen* Konstruktivismus, dem psychologischen, verknüpfen[69].

In diesem Kontext wird Meuelers Aneignungsdidaktik zu einer unverzichtbaren Leitidee. Eigeninitiative, Erfahrungsorientierung und selbstorganisierte geistige und emotionale Auseinandersetzung mit informellen Lernprozessen bietet ein großes Potenzial für Selbst-Bildung. Meuelers Konzept der Aneignung und Bildung von 1993 stellt das Subjekt in den Fokus der Betrachtung. Aneignung stellt sich demnach als eine bewusste Erschließung einer räumlichen und materiellen Umwelt in einem geistigen Bezug dar. So stellt ein Lerner zwischen sich und einen Gegenstand eine Beziehung her. Dabei findet ein aktives Neuproduzieren von Verarbeitungsmustern statt. Auf dieser Basis erfährt das Wort *begreifen* eine theoretische wie praktische Neuorientierung.[70]

Aneignung in einer gegenständlichen Tätigkeit geschieht durch Rückkopplung und Reflexion. Dabei verändert sich nicht nur kontinuierlich die Persönlichkeit, sondern auch die Umwelt. Je weniger allerdings die *Gestaltungsresultate* der Arbeitsumgebung bewirken, die Situation also gleich bleibt, desto mehr wird die individuelle Arbeitstätigkeit *stereotypen Operationen* unterliegen, umso weniger ist eine positive Entwicklung der Kompetenzen und der Persönlichkeit eines arbeitenden Menschen wahrscheinlich[71].

---

[69] Vgl. Ciompi, Luc (1997). Die emotionalen Grundlagen des Denkens. Entwurf einer fraktalen Affektlogik. Göttingen: Vandenhoeck & Ruprecht.

[70] Vgl. Meueler, Erhard (1998). Die Türen des Käfigs. Wege zum Subjekt in der Erwachsenenbildung. Konzepte der Humanwissenschaften. Stuttgart: Klett-Cotta.

[71] Vgl. Lämmermann, Godwin (o.J.). Element religionsdidaktischer Elementarisierung. Vorschläge zu einem Elementarisierungsprozess als Unterrichtsvorbereitung. S. 8. Online:

In Analogie schließt also der Aneignungsbegriff auch kognitive (Lern-) Handlungen mit ein, die für eine aktive Wissensaneignung im Selbstlernen von Nutzen sind. Für die geistige Auseinandersetzung allerdings hat er andere Bedeutung. Selbstorganisiertes Denken und Handeln heißt Ziele setzen, Pläne formulieren und Strategien zu ihrer Bewältigung einsetzen können. Wissen wird darin zu einem strategischen Element eines Lern- und Arbeitsprozesses. Die Konstruktbildung, die damit verbunden sein wird, öffnet die Tür zu einer prozessorientierten Entwicklung von Arbeit, Lernen und Person. Dafür spricht auch die derzeitige *Verwissenschaftlichung der Arbeit*. Sie geht mit einem neuen Verhältnis von Theorie und Praxis einher. Dies ist auch der Grund, weshalb Arbeitnehmer heute eine *strategische Rolle* im Arbeitsprozess einnehmen: sie müssen ihren Arbeitsprozess optimieren, eigene Ziele präzisieren und ihre Handlungsweisen über den gesamten Lern- und Arbeitsprozesses *reflektieren*[72].

Abschließend sei formuliert, dass konstruiertes Wissen im 21. Jahrhundert zu einem eigenständigen und wichtigen Wert für eine sich wandelnde Gesellschaft, für Wirtschaft und Wissenschaft wird. Die Teilhabe am und vom Wissen tritt in den Mittelpunkt. Hieraus erwachsen der Gesellschaft, Wissenschaft sowie Arbeitgebern und Arbeitnehmern gleichermaßen neue Gestaltungs- und Lernaufgaben, die nur durch ein anderes Verstehen von Lehren und Lernen zu bewältigen sind. Mit der allseitigen Verfügbarkeit von Wissen tritt gleichzeitig eine neue Verantwortung durch die Individualisierung und Kollektivierung von Wissen ein. Das Potenzial der Konstrukte, vernetzt, geteilt und gemeinschaftlich weiterentwickelt zu werden, sollte nicht verschenkt werden. Die Fähigkeit zum Selbstlernen eröffnet diese Möglichkeiten.

Literatur

Ausbilder-Eignungsverordnung vom 21. Januar 2009. In: Bundesgesetzblatt Jahrgang 2009 Teil I Nr. 5. Ausgegeben zu Bonn am 30. Januar 2009. Online: http://www.bmbf.de/pub/aevo_banz.pdf

Bahl, Anke ; Diettrich, Andrea (2008): Die vielzitierte ‚neue Rolle' des Ausbildungspersonals. Diskussionen, Befunde und Desiderate. In: Berufs- und Wirtschaftspädagogik – online (2008), bwp@Spezial4 – HT 2008. Bundesinstitut für Berufsbildung. S. 1-16.

---

http://www.philso.uniaugsburg.de/web2/EVRelpaed/Laemmermann/Elemente%20religionsdidakt ischer%20Elementarisierung.doc

[72] Langemeyer, Ines (2010): Lebenslanges Lernen im Kontext der Verwissenschaftlichung von Arbeit. Außerschulische Lernorte und Lernwege aus subjektwissenschaftlicher Sicht. In REPORT Zeitschrift für Weiterbildungsforschung, 33. Jg., 2/2010, 56-64.

Bank, Volker (Hg.) (2005): Vom Wert der Bildung. Bildungsökonomie in wirtschaftspädagogischer Perspektive neu gedacht. Bern, Stuttgart, Wien: Haupt.

Becker, Matthias (2008): Ausrichtung des beruflichen Lernens an Geschäfts- und Arbeitsprozessen als didaktisch-methodische Herausforderung. In: Berufliche Lehr-/
Lernprozesse - Zur Vermessung der Berufsbildungslandschaft. bwp@. Ausgabe Nr.
14. Juni 2008. Online: http://www.bwpat.de/ausgabe14/becker_bwpat14.pdf
S. 1-15.

Bergmann, Gustav ; Daub, Jürgen ; Meurer, Gerd (2006): Metakompetenzen und Kompetenzentwicklung. In: QUEM-report. Schriften zur beruflichen Weiterbildung.
Heft 95/Teil II.

Boeree, C. George. (2006). Persönlichkeitstheorien: George Kelly (1905 – 1967). Deutsche Übersetzung von D. Wieser M.A. 2006. Online: http://www.social-
psychology.de/do/PT_kelly.pdf

Büchter, Karin ; Göderz, Silvia (2008): Evaluationskonzepte in innovativen Programmen
beruflicher Bildung. Forschungsprojekt 3 im SKOLA-Modellversuchsprogramm. Endbericht. Universität Kassel. Online: http://www.hsu-
hh.de/zimmer/index_J2S3wYo2RC6IeFVs.html

Ciompi, Luc (1997). Die emotionalen Grundlagen des Denkens. Entwurf einer fraktalen
Affektlogik. Göttingen: Vandenhoeck & Ruprecht.

Duale Berufsausbildung. Das hohe Niveau anerkennen. In: Pressemitteilung. Institut der
deutschen Wirtschaft Köln. Juni 2010. Nr. 27/1.
Online: http://iwkoeln.de/Themen/Bildung /Berufliche Bildung.aspx

Dybowski, Gisela ; Hanf, Georg ; Walter, Matthias (o.J.): BIBB International. Strategiepapier zur Internationalisierung beruflicher Bildung. Online:
http://www.bibb.de/dokumente/pdf/a13_bibb-international-strategiepapier.pdf

Euler, Dieter (1998): Berufliches Lernen im Wandel – Konsequenzen für die Lernorte?
Dokumentation des 3. Forums Berufsbildungsforschung 1997 an der Universität Erlangen-Nürnberg. Beiträge zur Arbeitsmarkt- und Berufsforschung 214, Nürnberg.

von Felden, Heide (2004): Lebenslanges Lernen, Bildung und Biographie. Zur Verknüpfung von Bildungs- und Biographieforschung. Antrittsvorlesung.
Johannes Gutenberg Universität Mainz. Online: http://www.uni-
mainz.de/FB/Paedagogik/Erwachsenenbildung/vortragvonfelden.pdf

Folta, Kristian (2009): Die perfekte Illusion. Wie unser Gehirn lernt, die Wirklichkeit zu
konstruieren. Vortrag an der GenerationenHochschule Harz. Hochschule für angewandte Wissenschaften in Wernigerode. 09. Juni 2009.

GAB München – Gesellschaft für Ausbildungsforschung und Berufsentwicklung mbH.
Berufspädagoge (Homepage). Link: AEVO, Aus- und Weiterbildungspädagoge, Berufspädagoge. Online: http://www.ausbilder-weiterbildung.de

Gilomen, Hans-Jörg (2009): Schlüsselkompetenzen für moderne Gesellschaften. Ein
Beitrag zur Diskussion um Kompetenzmodelle. In: Kocka, Jürgen ; Staudinger, Ursula M. (Hg.) (2009): Altern in Deutschland. Stuttgart: Wiss. Verlagsgesellschaft. S.
233-247.

Hoffschroer, Michael (2009): Berufsbildungsberatung – Begründung und Präzisierung
eines handwerksspezifischen Konzeptes. Dissertation. Universität Köln. Online:
http://kups.ub.unikoeln.de/volltexte/2009/2657/pdf/090209_Diss_MHoffschroer.pdf

IG Metall-Vorstand. (2007): Prozessorientierung in der Berufsbildung. Neue Leitbilder – Neue Praxisprojekt. In: Ressort Bildungs- und Qualifizierungspolitik. IG Metall Frankfurt.

Kohlberg, W. D. Glossar konstruktivistischer Pädagogik. Fachbereich Erziehung und Kulturwissenschaften. Universität Osnabrück http://www.kohlberg.de.tt paedagogik.uos.de

Konrad, Klaus (2004). Förderung und Analyse von selbstgesteuerten Lernen in kooperativen Lernumgebungen: Bedingungen, Prozesse und Bedeutung kognitiver sowie metakognitiver Strategien für den Erwerb und Transfer konzeptuellen Wissen. Habilitationsschrift. Pädagogische Hochschule Weingarten. Online: http://opus.bsz-bw.de/hsbwgt/volltexte/2005/9/pdf/konrad_habil.pdf

Langemeyer, Ines (2010): Lebenslanges Lernen im Kontext der Verwissenschaftlichung von Arbeit. Außerschulische Lernorte und Lernwege aus subjektwissenschaftlicher Sicht. In REPORT Zeitschrift für Weiterbildungsforschung, 33. Jg., 2/2010, 56-64.

Lämmermann, Godwin (o.J.). Element religionsdidaktischer Elementarisierung. Vorschläge zu einem Elementarisierungsprozess als Unterrichtsvorbereitung. Online: http://www.philso.uniaugsburg.de/web2/EVRelpaed/Laemmermann/Elemente%20re ligionsdidaktischer%20Elementarisierung.doc

Meueler, Erhard (1998). Die Türen des Käfigs. Wege zum Subjekt in der Erwachsenenbildung. Konzepte der Humanwissenschaften. Stuttgart: Klett-Cotta.

Mitschian, Haymo (2001). Konstruktivismus als neue Leitwissenschaft für das Sprachenlernen? Ideengeber und Prüfstein. Positionen In: DIE ZEITSCHRIFT IV/2001. S. von bis. Online: http://www.diezeitschrift.de/42001/mitschian01_01.pdf

Raidt, Tabea (2009): PISA: Katalysator im bildungspolitischen Paradigmenwechsel. Dimensionen des Wertewandels im Bildungswesen. Dissertation. Heinrich-Heine-Universität Düsseldorf.

Resyfac (Reference System for Facilitators of Learning) (2009). Lernbegleiter. Europäisches Dossier der Gemeinsamkeiten. German Language version. Projekt: Leonardo da Vinci, Reference System for Facilitators of Learning. Grant Agreement Number 2007-1977/001-001. Originaltitel: "Facilitators of Learning. European dossier of commonalities"

Rickes, Mabel (2007). Segel-bs, NRW. Kurze Projektvorstellung des BLK-Modellversuchs Geschäftsführung segel-bs, NRW. S. 6. Online: http://www.berufsbildung.schulministerium.nrw.de/cms/upload/segel-bs/download/abschluss_va_praes_rickes.pdf

Riedl, Alfred ; Schelten, Andreas (2006): Handlungsorientiertes Lernen. Aktuelle Entwicklungen aus der Lehr- und Lern-Forschung und deren Anwendung im Unterricht. Unterlagen für die Teilnehmer der Fortbildung. Lehrstuhl für Pädagogik. Technische Universität München. Fakultät für Wirtschaftswissenschaften. Fortbildung für Lehrerinnen und Lehrer an beruflichen Schulen. 14. Februar 2006. Online: http://www.lrz.de/~riedlpublikationen/pdf/lfhuriedlschelten.pdf

Sabelhaus, Martin (2010): Lernfelddidaktik im Spiegel des Deutschen Qualifikationsrahmens. Kultusministerium Baden-Württemberg. BAG-Fachtagung. Lernfelder – neue Horizonte oder Orientierungsverlust? Was die Neuordnung der Berufsbildung bewirkt hat. Tagungsbericht. Online: http://www.bag-metalltechnik.de/pages/FT2010/FT2010_Abstracts.html#sabelhaus

Schelten, Andreas (2000). Konstruktivistische Lernauffassung und Hochschullehre. Online: http://www.lrz.de/~scheltenpublikationen/pdf/konleschelten2000prs.pdf

Schüssler, Ingeborg (2005): Paradoxien einer konstruktivistischen Didaktik. Zur Problematik der Übertragung konstruktivistischer Erkenntnisse in didaktische Handlungsmodelle – theoretische und praktische Reflexion In REPORT (28) 1. S. 88-94.

Sesink, Werner (2006): Der Wert der Bildung. Online: http://www1.abpaed.tu-damstadt.de/arbeitsbereiche/bt/material_ss06/prosem_schule_und_bildung/Bildungstheorie06_Folien09.pdf

Sonntag, Karlheinz ; Schaper, Niclas , Friebe, Judith (2005): Erfassung und Bewertung von Merkmalen unternehmensbezogener Lernkulturen. In: Arbeitsgemeinschaft Betriebliche Weiterbildungsforschung e.V./ Projekt Qualifikations-Entwicklungs-Management (Hg.). Kompetenzmessung im Unternehmen. Lernkultur- und Kompetenzanalysen im betrieblichen Umfeld Band 18. Edition QUEM. Münster ; New York ; München ; Berlin: Waxmann. S. 103-105.

Sonntag, Karlheinz; Stegmaier, Ralf (2007): Arbeitsorientiertes Lernen: Zur Psychologie der Integration von Lernen und Arbeit. Stuttgart: Kohlhammer.

Stöckl, Markus ; Straka, Gerald A. (2001): Lernen im Unternehmen. In: Straka, Gerald, A. ; Stöckl, Markus (Hg.) Selbstgesteuertes Lernen und Wissensmanagement. Forschungsgruppe LOS. Universität Bremen. Forschungs- und Praxisbericht Nr. 8. Selbstgesteuertes Lernen. http://www.user.uni-bremen.de/~los/berichte/band8/kapitel2_3.html

Ulmer, Philipp ; Gutschow, Katrin (2009): Die Ausbilder-Eignungsverordnung 2009. Was ist neu? In: BWP 3(2009). S. 48-51.

Verordnung über die Prüfung zum anerkannten Fortbildungsabschluss Geprüfter Aus- und Weiterbildungspädagoge / Geprüfte Aus- und Weiterbildungspädagogin vom 21. August 2009. Bundesgesetzblatt Jahrgang 2009 Teil I Nr. 56, ausgegeben zu Bonn am 26. August 2009. Online: http://www.bmbf.de/intern/upload/fvo_pdf/aus_und_weiterbildungspaedagoge.pdf

Verordnung über die Prüfung zum anerkannten Fortbildungsabschluss Geprüfter Berufspädagoge/Geprüfte Berufspädagogin vom 21. August 2009. Bundesgesetzblatt Jahrgang 2009 Teil I Nr. 56, ausgegeben zu Bonn am 26. August 2009. Online: http://www.bmbf.de/intern/upload/fvo_pdf/berufspaedagoge.pdf

Walber, Markus (2007): Selbststeuerung im Lernprozess und Erkenntniskonstruktion. Eine empirische Studie in der Weiterbildung. Dissertation. Internationale Hochschulschriften. BD 501. Münster: Waxmann.

Werning, Rolf (1998): Konstruktivismus. Eine Anregung für die Pädagogik? In: Pädagogik, Heft 7-8, 39-41.

Westmeyer, H. (2002). Der individuumbezogene Konstruktivismus von George A. Kelly. In: Psychologische Beiträge, 44, 325-333.

Winter, Claudia (2007): Analyse und Förderung selbstregulierten Lernens durch Self-Monitoring. Schriften zur pädagogischen Psychologie. Band 31. Hamburg: Verlag Dr. Kovac.

Wolf, Dieter (1997): Lernstrategien. Ein Weg zu mehr Lehrerautonomie. Bergische Universität. Gesamthochschule Wuppertal. Online: http://paedpsych.jk.uni-linz.ac.at:4711/LEHRTEXTE/Wolff98.html

Wollfolk, A. (2008). Pädagogische Psychologie. 10. Auflage. München: Pearson Studium.

Dialogische Medienentwicklung (DiaMedia) Ein Beitrag zum handlungsorientierten Lehren und Lernen

Wieland Wettberg

Vorbemerkung

Lernen im Prozess der Arbeit oder Lernen in enger Verknüpfung mit der Arbeit ist nicht neu. Formen, wie Weiterbildung am Arbeitsplatz, Unterweisung durch Vorgesetzte, Einarbeitung von Neulingen sowie Weiterbildung über Informationsveranstaltungen gibt es seit langem und sie waren in den Unternehmen ein wichtiges Instrument. Diese konventionellen oder aber *anderen* Formen der betrieblichen Weiterbildung sind bekannt als Lern- und Qualitätszirkel, Job-Rotation, Austauschprogramme u.a.m. Bei diesen *anderen* Formen wird davon ausgegangen, dass sie insbesondere bei produktionsbedingten oder betriebsorganisatorischen Veränderungen nutzbringend eingesetzt werden können und ein arbeitsplatznahes bzw. arbeitsintegriertes Lernen im Betrieb ermöglichen.

Das Ausbildungskonzept der DiaMedia-Lernwelt ist ein innovatives Konzept für die Berufsausbildung, bei der sich Auszubildende anhand konkreter Projekte eigenständig Wissen aneignen, dieses anwenden und kritisch reflektieren. Die aus diesen Projekten resultierenden Ergebnisse werden anschließend in Form von Fallstudien auf einer internetbasierten Wissensplattform hinterlegt und können dort von anderen Nutzern abgerufen werden. Ziel des Ausbildungskonzeptes ist somit die Vermittlung einer problembasierten und handlungsorientierten Arbeitsweise.

Herausforderungen für die berufliche Bildung

Neue Arbeits- und Organisationsformen bzw. Produktionstechniken führen zu immer mehr organisationaler, z. T. aber auch kaufmännischer Facharbeit in primär technisch ausgerichteten Berufen. Dabei erfordern eine zunehmende Kundenorientierung, kontinuierliche Verbesserungsprozesse und die Internationalisierung neue prozessorientierte Arbeitsformen zur Bewältigung dieser Komplexität.

70

Diese Entwicklung ist zu sehen vor dem Erfordernis der Integration von Sicherheit, Gesundheit und Umweltschutz in die berufliche Bildung. Die *Gemeinschaftsstrategie für Gesundheit und Sicherheit bei der Arbeit* der Europäischen Kommission fordert dazu auf, Sicherheit und Gesundheitsschutz bis zum Jahr 2012 in alle Bildungsphasen und gesellschaftliche Bereiche zu integrieren[73].

In den meisten europäischen Ländern besteht jedoch derzeit noch immer eine Distanz zwischen den Bereichen Sicherheit, Gesundheit und Umweltschutz sowie Bildung. Dies kommt beispielsweise dadurch zum Ausdruck, dass die eine Seite die Aktivitäten der anderen Seite nur unzureichend wahrnimmt[74].

Die aktuellen Bestrebungen in Deutschland dazu müssen im Kontext mit der Entwicklung völlig neuer Berufsbilder und der Neuordnung der Berufe gesehen werden. Berufsinhalte werden dabei so angelegt, dass sie gezielt auf einen lebensbegleitenden Qualifizierungsprozess vorbereiten. Die genannte Neuordnung der Berufe ist vor dem Hintergrund einer prozess- und gestaltungsorientierten Berufsbildung zu sehen, die fachliche, soziale, organisatorische und methodische Kompetenzen bündelt.

Der Unterricht findet verstärkt in einzelnen Lernfeldern statt, was eine verstärkte Zusammenarbeit von Schule/Lehrern und Ausbildungsbetrieben/Fachausbildern notwendig macht.

Die Lerninhalte der einzelnen Lernphasen sind vernetzt und anwendungsorientiert zu vermitteln, wobei die Prüfung im Bearbeiten einer komplexen Aufgabenstellung besteht.

Für den Betrieb bedeutet dies, eine Ausrichtung der Lerninhalte an den Geschäftsprozessen des Betriebes vornehmen zu müssen. Lernen muss möglichst im direkten Umfeld betrieblicher Anforderungen stattfinden, um so den Auszubildenden prozessbezogene Kompetenzen und damit die Fähigkeit zu selbst organisiertem ganzheitlichem Handeln zu vermitteln. Im Rahmen der dualen Ausbildung, die überwiegend im Betrieb erfolgt und durch den Unterricht in der Berufsschule begleitet wird, sind die Lernfelder am Lernort Betrieb und am Lernort Schule auf die entsprechenden Berufsbildpositionen unter Berücksichtigung des vorhandenen Zeitrahmens zu beziehen.

Hierzu sagt das Berufsbildungsgesetz (§ 1 Abs. 3 BBiG):

„Die Berufsausbildung hat die für die Ausbildung einer qualifizierten beruflichen Tätigkeit in einer sich wandelnden Arbeitswelt notwendigen beruflichen Fertigkeiten, Kenntnisse und Fähigkeiten (berufliche Handlungsfähigkeit) in einem geordne-

---

[73] Gemeinschaftsstrategie für Gesundheit und Sicherheit bei der Arbeit der Europäischen Kommission der Europäischen Gemeinschaften, Brüssel, 21.02.2007, S. 1-18.
[74] Vgl. Wettberg, Wieland: DiaMedia – Handlungsorientiertes Lehren und Lernen, Vortrag anl. Des IVSS-Seminars vom 1.-3.06.2009 in Lissabon.

ten Ausbildungsgang zu vermitteln. Sie hat ferner den Erwerb der erforderlichen Berufserfahrung zu ermöglichen."[75]

Lernen im Prozess der Arbeit

Wie erwähnt, ist Lernen im Prozess der Arbeit nicht neu. Eine Untersuchung aus dem Jahr 2009 des Bundesinstituts für berufliche Bildung (BIBB) hinsichtlich der Häufigkeit von einzelnen durchgeführten Maßnahmen in den Unternehmen zeigt, dass Informations-/Fachveranstaltungen mit 90% dominieren, der Anteil von Maßnahmen mit selbstgesteuertem Lernen aber schon bei 33% liegt[76], Tendenz steigend.

Wenn das selbstgesteuerte Lernen das Lernen der Zukunft sein wird, wird man sich fragen, wie lassen sich potenziell Lernende von einer entsprechenden Gestaltung der Umwelt zu vermehrten eigenständigen Lernaktivitäten anregen, wie und mit welchen Mitteln können Lernende in ihren individuellen Lernbemühungen unterstützt und gefördert werden und wie gelingt es, Lernende zu einer größeren Eigenständigkeit in den Lernaktivitäten zu befähigen.

Das DiaMedia-Ausbildungskonzept sieht vor, dass Auszubildende eines Unternehmens von ihrem Ausbilder einen Auftrag erhalten, den sie in einer vorgegebenen Zeit selbstständig bearbeiten. Dabei fungiert der Ausbilder als Lernbegleiter und steht für Feedback und Anregungen zur Verfügung. Ziel dieses Ansatzes ist es, den Auszubildenden eigenverantwortliches Arbeiten zu lehren und ihnen gleichzeitig Sozialkompetenzen zu vermitteln. Dies geschieht durch die Beschaffung der für das jeweilige Projekt relevanten Informationen im Unternehmen über die einzelnen Abteilungen hinweg. Darüber hinaus wird Sozialkompetenz dadurch geschult, dass das Projektteam sich untereinander abstimmen und koordinieren muss.

Die mit Hilfe des DiaMedia-Ausbildungskonzeptes vermittelten Inhalte beziehen sich vorzugsweise auf Sicherheitsaspekte und Aspekte des Arbeits- und Gesundheitsschutzes. Um zu gewährleisten, dass sämtliche sicherheitsrelevanten und gesetzlich vorgeschriebenen Gesichtspunkte beachtet werden, sind Zielpräzisierungen in den jeweiligen Rahmenlehrplänen vorzunehmen.

Selbstgesteuertes, am Arbeitsprozess orientiertes Lernen führt zu neuen Rollen von Ausbildern und Auszubildenden. Statt wissenschaftlicher Herleitung von Regeln oder der formelhaften Vermittlung von Lehrsätzen geht es dem Ausbilder in seiner zukünftigen Rolle als Moderator darum, den Prozess des Lernens

---

[75] Berufsbildungsgesetz (BBiG) vom 23.03.2005. In: BGBl. I, S. 931.
[76] Vgl. BIBB (Hg.): Ein Blick hinter die Kulissen der betrieblichen Weiterbildung in Deutschland. In: BiBB-Report 7/09, S. 7.

zu begleiten, zu gestalten und sich selbst als *Lehrer* zurückzunehmen. Der Ausbilder ist Prozessbegleiter. Gleichwohl steht er weiterhin in der Ergebnisverantwortung. Prozessbegleiter zu sein bedeutet nicht, die Auszubildenden ihrem Lernschicksal allein zu überlassen. Ganz im Gegenteil: nach wie vor ist es die Aufgabe des Ausbilders in seiner Funktion als Prozessbegleiter, den Erwerb von Fachkompetenz sicherzustellen.

Selbststeuerung kommt allerdings nicht von selbst. Bislang ist es versäumt worden, einen anspruchsvollen Begriff des *selbstgesteuerten Lernens* zu entwickeln[77]. Selbststeuerung darf sich nicht darin erschöpfen, dass Lernende über Lernthemen, Zeiten und Orte eigenständig entscheiden. Die Reduktion externer Steuerung führt nicht automatisch zur Selbststeuerung. Schließlich gilt in einer sich durch Modernisierungsprozesse ständig verändernden Gesellschaft, dass die Entwicklung von Selbstlernfähigkeiten zu einer zu entwickelnden Kernkompetenz gehört. Strategien des selbstgesteuerten Lernens können bei den Adressaten der beruflichen Bildung daher nicht unmittelbar vorausgesetzt werden. Erklärtes Ziel einer innovativen Modernisierung beruflicher Bildung ist nicht die Abwesenheit professioneller Strukturierung und die Überantwortung des Lernprozesses in die individuelle Verfügung der Auszubildenden, sondern eine völlig veränderte Form der Strukturierung von individualisierten und selbstgesteuerten Lernprozessen.

Das berufspädagogische Konzept DiaMedia

Der Ausbilder als Moderator soll Lernhilfe leisten, den Lernvorgang moderieren und eine anregende Lernumgebung herstellen. Für den Ausbilder bedeutet die Funktion als Berater des Lernenden die Vermittlung von Methodenkompetenz, die Fähigkeit zur selbstständigen Aneignung neuer Kenntnisse und Fertigkeiten sowie das Wissen, wie man vorgeht, sich in ein neues Gebiet einzuarbeiten, wie und wo man sich Informationen beschaffen kann, welche Fragen man sich und anderen stellen muss.

Mit Blick auf die Beratungstätigkeit des Ausbilders bedarf es einiger Funktionen, die vom Ausbilder wahrzunehmen sind. In diesem Zusammenhang denke man an die diagnostische Funktion (Einschätzen der Auszubildenden), die prognostische Funktion (Einschätzen der Entwicklung des Auszubildenden), die arrangierende Funktion (Schaffen von Lernarrangements), die Kontakt vermittelnde Funktion (Schaffung einer neuen Lernumwelt) und nicht zuletzt die beratende Funktion (Hilfestellung für den Auszubildenden geben bei persönlichen

---

[77] Vgl. Forneck, Hermann ; Klingovsky, Ulla: Konzept Selbstlernen. In: Management & Training - Magazin für Human Resources Development. 4/2002, S. 28 – 31.

und motivationalen Problemen), die vom Ausbilder wahrgenommen werden müssen.

Der Auszubildende, der sein eigenes Lernen organisieren muss, wird sich mit folgenden Fragen auseinandersetzen müssen:

- Welche Zielsetzung habe ich, was nehme ich mir vor?
- Welcher Methodik bediene ich mich, wie gehe ich vor?
- Welche Hilfsmittel benötige ich, wie beschaffe ich mir Medien?
- Welches Zeitmanagement ist erforderlich, wie organisiere ich mir die benötigte Zeit?
- Brauche ich Hilfe und Unterstützung, von wem kann ich personale Hilfe bekommen?
- Wie intensiv muss ich lernen, um mein Ziel zu erreichen?
- Wie oft und wie lange will ich jeweils arbeiten?
- Wie kann ich die Ergebnisse meiner Arbeit und meines Erfolges kontrollieren?

Die novellierten Ausbildungsverordnungen räumen neben der fachlichen Kompetenzvermittlung die Ausprägung von persönlicher Selbstständigkeit und Eigenverantwortung des Auszubildenden ein[78]. Dadurch wurde eine wesentliche Voraussetzung für eine prozessorientierte Ausbildung geschaffen. Der Wandel in folgenden Bereichen spielt hier unter anderem eine Rolle:

- Veränderte Organisationskonzepte in Unternehmen führen zu komplexeren Arbeitsaufgaben und fordern mehr Eigenverantwortung und Organisationsfähigkeit.
- Die beschleunigte Technologieentwicklung lässt eine reaktive Ausbildungsordnungsentwicklung nicht mehr zu.
- Qualitätssicherung erfolgt nicht mehr durch die Kontrolle von Ergebnissen, sondern durch die Festlegung von Prozessen.
- Aktuelle lerntheoretische Konzepte legitimieren eine prozessorientierte Vorgehensweise in der Ausbildung.
- Ausbildung erfolgt verstärkt dezentralisiert in Arbeitszusammenhängen/-prozessen, d.h. arbeitsplatznah.

Diese Orientierung an Geschäfts-, Leistungs- und Arbeitsprozessen in Unternehmen setzt eine Gestaltungsoffenheit derart voraus, dass die Ausbildung in Unternehmen an die konkrete betriebliche Realität und die gegebenen betriebli-

---

[78] Herzog, Martin: Selbstlernen statt belehrt werden. www.brainworker.ch/bildungselbstlernen.htm

chen Erfordernisse anzupassen ist. Damit werden in Unternehmen wichtige Voraussetzungen geschaffen, um handlungsorientiertes Lernen, Lernen in und an Realprozessen und Lernen nach dem Modell der vollständigen Handlung zu ermöglichen.

Die Prüfung zum Nachweis beruflicher Handlungskompetenz am Ende der Ausbildung fokussiert daher neben den fachlichen Fertigkeiten und Kenntnissen explizit auf überfachliche Kompetenzen. Mit neuen Prüfungsformen, wie den betrieblichen Auftrag in der Metall- und Elektroindustrie oder der betrieblichen Projektarbeit in den IT-Berufen, ist es möglich, den Gegenstand der Prüfung möglichst direkt dem beruflichen Alltag zu entnehmen. Durch die selbstständige Bearbeitung von Aufgaben, die sich so oder vergleichbar in der betrieblichen Praxis stellen, weist der Auszubildende seine Fähigkeit nach, komplexe Arbeitsaufträge mit eigenverantwortlicher Disposition und Terminverantwortung abzuwickeln. Damit bezieht sich die Prüfung neben den fachlichen Fertigkeiten und Kenntnissen weitergehend auf überfachliche Kompetenzen, die sich grob in Methoden-, Sozial- und Selbstkompetenzen einteilen lassen.

Vor diesem Hintergrund ist das berufspädagogische Konzept DiaMedia entstanden. Es ist im Wesentlichen geprägt durch die Identifizierung relevanter berufsförmiger Aufgabenstellungen und deren Kontextbezug auf die Gesamtheit der Ausbildung. Dabei geht es um die Aufbereitung von Aufgabenstellungen unter lernhaltigen Gesichtspunkten, so z.B. den Zusammenhang herstellen zu den Ordnungsmitteln oder Voraussetzungen identifizieren für eine Aufgabenstellung in Bezug auf die dazu notwendigen Kenntnisse. Ferner geht es um didaktische und methodische Entscheidungen über die Art und Weise der Vermittlung bzw. der Bewältigung der Aufgabe. All dies setzt die ständige und intensive Interaktion zwischen Ausbildern und Auszubildenden voraus. Konsequenter Medieneinsatz, Art und Weise der Ergebnisdarstellung und die Bewertung der Ergebnisse bzw. der Ergebnisdarstellung runden das Konzept ab. Die einzelnen Lern- und Arbeitsphasen sind:

- Phase 1 Wissensidentifikation
- Phase 2 Redefinition und Ideenfindung
- Phase 3 Analyse und Lösungsentwicklung
- Phase 4 Lösungsbewertung und –optimierung
- Phase 5 Lösungsrealisierung
- Phase 6 Medienerstellung
- Phase 7 Lösungsverbreitung

Wie bereits angeklungen, liegt die Grundidee des berufspädagogischen Konzepts darin, dass Auszubildende gewerblich-technischer Berufe möglichst nah an der

Praxis von Geschäfts- und Arbeitsprozessen Problemlösungen entwickeln und dabei den Bereich von Sicherheit, Gesundheit und Umwelt integrieren. Die Lösungen werden dabei auch medial aufbereitet und innerhalb des Betriebes und auch darüber hinaus präsentiert. Eine interaktive webbasierte Lernplattform schafft die Voraussetzung, um diesen Lernprozess zu steuern und die Ergebnisse zu publizieren.

Die Ausbildungsplanung muss Inhalte und Aneignungskonzepte ebenso aufnehmen, wie es für den Ausbilder unverzichtbar geworden ist, seine verantwortungsvolle Arbeit mit Auszubildenden einem systematischen Controlling zu unterziehen.

Im Rahmen der Initiative neue Qualität der Arbeit (INQA) hat es sich die INQA-Kompetenzentwicklung in einem ersten Schritt zur Aufgabe gemacht, die Systematisierung des Ausbildungsplanes mit einem elektronischen Werkzeug zu unterstützen. Ausgangspunkt für die Konzeptentwicklung bilden normative Leitsätze der Ausbildungsrahmenpläne, die sich in der Gestaltung der Berufsausbildung wiederfinden sollen. Solche Leitsätze sind beispielsweise in den Ausbildungsrahmenplänen der Metallberufe wie folgt festgelegt:

- Gefährdung von Sicherheit und Gesundheit am Arbeitsplatz feststellen und Maßnahmen zu ihrer Vermeidung zu ergreifen. Die in den Ausbildungsbildern 3 und 4 formulierten „Inhalte des Sicherheits-, Gesundheits- und Umweltschutzes sind während der gesamten Laufzeit zu vermitteln"[79].
- Berufsbezogene Arbeitsschutz- und Unfallverhütungsvorschriften anwenden. In den Vorbemerkungen der Rahmenlehrpläne wird übergreifend hingewiesen auf: „Einschlägige Normen und Rechtsvorschriften sowie Unfallverhütungsvorschriften sind auch dort zugrunde zu legen, wo sie nicht explizit erwähnt werden"[80].
- Verhaltensweisen bei Unfällen beschreiben sowie erste Maßnahmen einleiten.
- Bestimmungen und Sicherheitsregeln beim Arbeiten an elektrischen Anlagen, Geräten und Betriebsmitteln beachten.
- Vorschriften des vorbeugenden Brandschutzes anwenden; Verhaltensweisen bei Bränden beschreiben und Maßnahmen zur Brandbekämpfung ergreifen.

Diese Inhalte sind während der gesamten Ausbildungszeit unter Einbeziehung selbstständigen Planens, Durchführens und Kontrollierens ... zu vermitteln[81].

---

[79] Vgl. z.B. Rahmenlehrplan Metallarbeiter Fachbereich Metall (www.rahmenlehrplanmetall.de), S. 1–3.
[80] Ebenda.
[81] Vgl. ebenda.

Schlussbemerkung:

Zur besseren Umsetzung der in den Lehrplänen enthaltenen Vorgaben wurden zahlreiche Modellvorhaben in Betrieben, Schulen und außerschulischen Einrichtungen in den letzten Jahren durchgeführt[82]. Vom Bundesministerium für Bildung und Forschung, dem Bundesinstitut für berufliche Bildung und der Bundesanstalt für Arbeitsschutz und Arbeitsmedizin geförderte Projekte haben gezeigt, dass in der beruflichen Aus- und Weiterbildung selten das vorhandene Wissen von Sicherheit, Gesundheitsschutz am Arbeitsplatz, Umweltschutz sowie der Produktsicherheit Berücksichtigung findet und dem Berufspersonal häufig nicht bewusst ist, wie wichtig eine frühzeitige Einbeziehung der genannten Themen für eine erfolgreiche Bildungsarbeit notwendig ist[83].

Das berufspädagogische Konzept DiaMedia ist kein theoretisches Konstrukt, es ist in enger Kooperation mit einem Großbetrieb der Metallindustrie durchgeführt worden. Im Ergebnis hat sich eine Verbesserung im betrieblichen Arbeitsschutz gezeigt, Auszubildende und Mitarbeiter haben ein verbessertes Sicherheitsbewusstsein erlangt, der innerbetriebliche Wissenstransfer wurde verbessert.

Die vorliegenden Ergebnisse sollen genutzt werden zur künftigen Durchführung von Trainings- und Qualifizierungsmaßnahmen in enger Kooperation mit der IG-Metall Bildungsstätte in Lohr. Letztendlich ist angestrebt, die Initiierung einer Learning Community des Berufsbildungspersonals und innerhalb von Netzwerken, die sich insbesondere über den Austausch und die Reflektion von konkreten Fallstudien definieren soll. Die IG-Metall Bildungsstätte Lohr wird dafür ihr Informationsforum zur Verfügung stellen, das als Selbstlernportal für Ausbilder und Ausbilderinnen, Prüfungsausschussmitglieder sowie Interessenvertreter existiert.

Literatur

Ausbildungsverordnung.
In: Bundesgesetzblatt, Jg. 2004, Teil I, Nr. 34, ausgegeben zu Bonn am 13.Juli 2004, S. 1502-1512.

---

[82] Statistisches Bundesamt (Hg.) (2009): Berufliche Weiterbildung in Unternehmen. Dritte Europäische Erhebung über die berufliche Weiterbildung in Unternehmen (CVTS 3). Wiesbaden.

[83] Vgl. u.a. „Modellversuch dialogische Medienentwicklung (DiaMedia) – handlungsorientierte Aus- und Weiterbildung unter Nutzung und Gestaltung einer netzgestützten Plattform für kollektives Lernen am Beispiel des Geräte- und Produktsicherheitsgesetzes", Vorhaben des BIBB und des Landes NRW, unveröffentlichter Zwischenbericht 3/2005.

Berufsbildungsgesetz
Online: http://www.bmbf.de/pub/bbig_20050323.pdf

BIBB (Hg.): Ein Blick hinter die Kulissen der betrieblichen Weiterbildung in Deutschland. In: BIBB-Report 7/09, S. 7.

Forneck, Hermann ; Klingovsky, Ulla: Konzept Selbstlernen. In: Management & Training - Magazin für Human Resources Development, 4/2002, S. 28 – 31.

Gemeinschaftsstrategie für Gesundheit und Sicherheit bei der Arbeit der Kommission der Europäischen Gemeinschaften. Brüssel, 21.2.2007, S. 1 – 18.

Herzog, Martin: Selbstlernen statt belehrt werden. www.brainworker.ch/bildungselbst-lernen.htm

Modellversuch dialogische Medienentwicklung (DiaMedia) – handlungsorientierte Aus- und Weiterbildung unter Nutzung und Gestaltung einer netzgestützten Plattform für kollektives Lernen am Beispiel des Geräte- und Produktsicherheitsgesetzes, Vorhaben des BIBB und des Landes NRW, unveröffentlichter Zwischenbericht 3/2005.

Rahmenlehrplan Metallarbeiter Fachbereich Metall, S. 1–3, www.rahmenlehrplanmetall.de.

Statistisches Bundesamt (Hg.) (2009): Berufliche Weiterbildung in Unternehmen, Dritte Europäische Erhebung über die berufliche Weiterbildung in Unternehmen (CVTS 3), Wiesbaden.

Wettberg, Wieland: DiaMedia – Handlungsorientiertes Lehren und Lernen, Vortrag anl. des IVSS-Seminars vom 1.–3.06.2009 in Lissabon.

Weiterführende Literatur:

Molzberger, Gabriele et al (2008): Weiterbildung in den betrieblichen Arbeitsprozess integrieren. Münster.

Schröder, Thomas (2009): Arbeits- und Lernaufgaben für die Weiterbildung. Eine Lernform für das Lernen im Prozess der Arbeit. Bielefeld.

3 Arbeitsschutz in der betrieblichen Weiterbildung Erwachsener

Arbeitsschutz und das Konzept der prozessbegleitenden Lernberatung

Dietrich Altenburger

Vorbemerkungen

Ausgehend von der Verordnung über die Berufsausbildung in den industriellen Metallberufen vom 9. Juli 2004 sowie vom Berufsbildungsgesetz vom 23. März 2005 sind die neugeordneten Berufsbilder so angelegt, dass Lernende innerhalb der beruflichen Erstausbildung mit grundlegenden Kompetenzen ausgestattet werden, welche sie befähigen, innerhalb einer, einem stetem Wandel unterliegenden Arbeitswelt zu bestehen und auch den damit einhergehenden, sich stetig wandelnden, Anforderungen zu genügen[84].

Das erfordert eine immer bessere berufliche Weiterbildung. Diese Weiterbildung kann am effektivsten nur im Betrieb geleistet werden, der die Anforderungen und auch deren Veränderungen definiert und lokalisiert. Insofern werden sich die folgenden Ausführungen mit der betrieblichen Weiterbildung im weitesten Sinne befassen; die im Berufsbildungsgesetz speziell ausgewiesenen Segmente ‚berufliche Fortbildung' und ‚berufliche Umschulung' sind nicht Gegenstand dieses Artikels.

Der betriebliche Ausbilder ist als wesentlicher Akteur der Vermittlung arbeitsschutzrelevanten Wissens, arbeitsschutzgerechter Fertigkeiten sowie eines individuellen Sicherheitsbewusstseins junger Menschen anzusehen. Aufgrund der Besonderheiten der grundkompetenzorientierten Ausbildungsrahmenpläne ist es ein Gebot für den einzelnen Ausbilder, sich der Zielgruppe der erwachsenen, ausgelernten Arbeitnehmer zuzuwenden. Diese Zielgruppe bedarf der immer besseren Weiterbildung durch kompetentes pädagogisches Personal im Betrieb, um den Anforderungen an die eigene Flexibilität, die individuelle Einsetzbarkeit sowie an ihre berufliche Handlungsfähigkeit zu genügen. Aus diesem Grunde muss auch der Ausbilder seine Arbeit und seine pädagogischen Ansätze flexibler gestalten, wenn er diesen Anforderungen und dem daraus erwachsenden Erwartungsdruck standhalten will. Für die, zugegebenermaßen heterogene, Gruppe der *betrieblichen Ausbilder*, welche ihr pädagogisches Repertoire diesen neuen,

---

[84] Vgl. Berufsbildungsgesetz (BBiG) § 1(3) In: Berufsbildungsgesetz (BBIG) Online: http://www.bmbf.de/pub/bbig_20050323.pdf

erweiterten Anforderungen anpassen muss, soll dieser Beitrag Anregungen geben.

Prozessbegleitende Lernberatung - ein Konzept im Betrieb

Betriebliche Weiterbildung ist ein Thema, in welches sich solche Bereiche wie Einarbeitung am Arbeitsplatz, Seminare, Workshops, Zusatzqualifikationen, Unterweisungen aber auch autodidaktische Weiterbildungen einordnen lassen. Insbesondere letztere sind Ausgangspunkte dafür, dass betriebliche Ausbilder nach anderen als traditionellen Gesichtspunkten ihre Arbeit neu ordnen und gestalten müssen.

Jeder Mensch trägt die Möglichkeiten des Selbsterwerbs von Wissen, Fertigkeiten und Fähigkeiten in sich. Das lässt die oftmals gehörte Schlussfolgerung zu, dass jeder Arbeitnehmer für seine betriebliche Weiterbildung selbst und alleinig verantwortlich sei. Dies ist aus Sicht des Autors nicht so. Ein Betrieb mit allen seinen Mitarbeitern ist ein sozialer Organismus, in welchem jedem Mitarbeiter die ihm durch seine Arbeitsaufgabe zugewiesene Rolle eigen ist. Diese Arbeitsaufgabe ist in einer globalisierten und extrem intensivierten Arbeitswelt so umfangreich, dass das Selbstlernen, die Weiterentwicklung eigener Kompetenzen Gefahr läuft, durch das *Tagesgeschäft* in den Hintergrund gedrängt zu werden. So muss in den Unternehmen vor allem die Erkenntnis reifen, dass selbstgesteuerte Weiterbildung Teil ebendieses *Tagesgeschäftes* sein muss.

> „Selbstlernkompetenzen sind Eigenschaften, …, die aber entsprechend den gestiegenen Anforderungen an die Effizienz des Lernens auch einer ständigen Weiterentwicklung bedürfen. Damit sind insbesondere die methodischen Fähigkeiten zur Analyse, Organisation und Reflexion des eigenen Lernens gemeint. Diese Fähigkeiten sind aber nicht gesondert zu entwickeln, sondern ebenso wie andere Schlüsselqualifikationen nur im Kontext von (fachlichen) Lernprozessen."[85]

Was eigentlich ist nun unter *prozessbegleitender Lernberatung* in unserem Sinne zu verstehen? Lernberatung in unserem Kontext ist als Begleitung des individuellen Lernprozesses und als weit fassende erwachsenenpädagogische Herangehensweise an die Förderung selbst gesteuerten Lernens zu sehen. Selbst gesteuertes Lernen beinhaltet die innere Auslösung, die Planung, die *Bedarfsermittlung*

---

[85] Rohs, Matthias ; Käpplinger, Bernd 2004: Lernberatung – ein Omnibusbegriff auf Erfolgstour. In: Rohs, Matthias ; Käpplinger, Bernd (Hg.) (2004): Lernberatung in der beruflich-betrieblichen Weiterbildung. Konzepte und Praxisbeispiele für die Umsetzung. Münster: Waxmann. S. 14.

sowie die Organisation des Lernprozesses durch den Lernenden und die Einbringung Einzelner in das soziale Gefüge einer Gruppe von Lernenden.

Die prozessbegleitende Lernberatung orientiert sich also an individuellen Lernprozessen, an Gruppenlernprozessen sowie an den Transfermöglichkeiten des Erlernten in betriebliche Prozesse.

Es stellt sich in diesem Zusammenhang die Frage, wie der betriebliche Ausbilder individuellen und institutionellen Lernbedarf feststellen kann, zumal die Zielgruppen sehr stark in ihre betrieblichen Prozesse eingebunden sind. Die Feststellung individuellen Lernbedarfs ist dem Ausbilder nur über Beobachtung, Befragung und Austestung des Vorhandenen möglich. Dies ist ein Prozess mühevoller Kleinarbeit, der umfangreiche Betriebskenntnisse des Ausbilders voraussetzt, um aus der Ist-Analyse eine Zielvorgabe erarbeiten zu können. Außerdem muss der Ausbilder im Falle individueller Analytik eine unbedingte Vertrauensperson sein, damit er nicht in den Verdacht gerät, die Mitarbeiter *ausspionieren* zu wollen. Das heißt, er muss mit seinen Erkenntnissen und Erfahrungen immer diskret und anonymisiert umgehen können und wollen.

1. Beispiel: Der Ausbilder stellt in seiner betrieblichen Beobachtungstätigkeit fest, dass bei einem Mitarbeiter, welcher ein CNC-Bearbeitungszentrum bedient, Qualitätsmängel am Produkt vorliegen und erforderliche Einrichtarbeiten deutlich länger dauern, als bei anderen Mitarbeitern üblich. Daraus kann der Ausbilder ableiten, dass es bei dem genannten Mitarbeiter Defizite im Wissen und im Können der notwendigen Programmier- und Einrichtarbeiten gibt. Damit ergibt sich ein individueller Weiterbildungsbedarf, welcher unmittelbar am Arbeitsplatz abgearbeitet werden kann, und zwar so intensiv, wie es individuell notwendig ist.

2. Beispiel: Der Ausbilder stellt fest, dass ein Mitarbeiter ohne Benutzung des Sicherheitsgurtes auf einem Gabelstapler unterwegs ist. Bei sich bietender Gelegenheit befragt er den betroffenen Mitarbeiter nach dem Sinn des Sicherheitsgurtes. Damit kann er zum Einen eine mögliche Wissenslücke identifizieren, welche mit einer kurzen Information direkt am Arbeitsplatz geschlossen werden kann; zum Anderen kann er aber feststellen, ob ein mögliches bewusstes Fehlverhalten des Mitarbeiters vorliegt, welches (anonymisiert) als Input in die regulären betrieblichen Unterweisungen einfließen kann.

Institutionelle Lernbedarfe sind stattdessen leichter zu identifizieren, weil sie sich auf betriebliche Anforderungen stützen und so effizienter zu formulieren sind. Die zweite Frage in diesem Zusammenhang ist die nach dem Transfer von Lernergebnissen in betriebliche Prozesse.

3. Beispiel: Der Ausbilder bekommt den betrieblichen Auftrag, eine sensibilisierende Schulung zum Thema Hautschutzmittel durchzuführen. Er führt dies als Lehrgespräch mit Übungsanteil in einem geeigneten Schulungsraum im Betrieb durch. Das Lernergebnis wird nur erfolgreich sein, wenn die Hautschutzmittel im gesamten Betrieb wiedererkennbar bereitgestellt werden und wenn alle Führungskräfte und Mitarbeiter aktiv mitmachen und im Bedarfsfall aufeinander einwirken.

Ein solcher Transfer muss in den Unternehmen als Bestandteil von Unternehmenskultur gewollt sein und gelebt werden. Dies ist für die betrieblichen Weiterbildungsprozesse von existenzieller Bedeutung. Ohne geeignete Transferkultur bleibt Weiterbildung steril und ist sozusagen zum Selbstzweck mit Alibi-Funktion geworden.

Wenn nun Bedarf erkennbar wird und auch der betriebliche Transfer gesichert werden kann, muss die Übertragung des Ganzen in ein *Konzept der prozessbegleitenden Lernberatung* möglich sein. Die Gestaltung eines solchen Lernkonzepts erfordert aus Sicht des Autors folgende Schritte:

▪ Erstens sollten sich Ausbilder und auszubildende Mitarbeiter darüber austauschen, über welche Kompetenzen jeder von ihnen verfügt.
▪ Zweitens wäre eine exakte Zielbeschreibung erforderlich, die das kognitive Ziel, die Zielkompetenzen und die Feststellung des Lernerfolges beinhaltet. Das bestimmende Element dabei ist, dass Ziele im Konsens beschrieben und akzeptiert werden müssen. Die Transparenz der Ziele ist für ihr Erreichen unverzichtbar. Ein Mitarbeiter, der nicht weiß, was im Einzelnen von ihm verlangt werden wird, ist unsicher und wird nicht *freiwillig mitgehen*.
▪ Drittens sind vom Lernfortschritt und von der benötigten Zeit abhängige Lernberatungsgespräche erforderlich, welche individuell geführt werden sollten, damit die auszubildenden Mitarbeiter jederzeit über den Grad ihrer Zielannäherung orientiert sind.
▪ Viertens sind dem Lerngegenstand angemessene Lernerfolgskontrollen einzuplanen, die dem weiterzubildenden Mitarbeiter Verbesserungspotenziale aufzeigen und keine personalpolitischen *Killerkriterien* sind.

Der Vorteil des Ganzen liegt darin, dass jeder Mitarbeiter individuelle Zielvorgaben bekommen kann, das heißt, jeder muss nur das lernen, was er aktuell benötigt. Der *Nachteil* (besser Aufwand!) des Konzeptes liegt darin, dass es untrennbar an die Unternehmens- und Personalführungskultur geknüpft ist und nur erfolgreich sein kann, wenn Zeit, Geld und personelle Ressourcen zur Verfügung stehen. Die betriebliche Weiterbildung als prozessbegleitende Lernberatung hat besondere Chancen, wenn die Ausbilder innerbetriebliche Akteure sind.

Der Ausbilder als Lernberater Erwachsener

In kleineren Handwerksbetrieben ist als Ausbilder im Regelfall der Unternehmer/der Handwerksmeister anzusehen, welcher aus seinen organisatorischen und sonstigen unternehmerischen Zwängen heraus nicht ernsthaft *pädagogisch professionell* tätig zu werden vermag. In den (größeren) Betrieben der Wirtschaft gibt es für die Ausbildung Stammpersonal, welches in unserer Betrachtung unter dem Begriff *betrieblicher Ausbilder* subsummiert werden soll, unabhängig davon, ob die innerbetriebliche Bezeichnung *Ausbilder, Trainer, Coach* oder anders phantasievoll lautet.

Der betriebliche Ausbilder ist im Regelfall ein gestandener Fachmann, welcher die praktische (und auch fachtheoretische) Ausbildung von Auszubildenden unter Zuhilfenahme vorgefertigter oder eigener Konzepte, seines individuellen Methodenrepertoires und vielfältigen Medieneinsatzes realisiert. Es ist dies also eine Gruppe betrieblicher Akteure, welche durchaus als Pädagogen anzusehen ist.

Es kommt im *ersten Schritt* darauf an, dass die betrieblichen Ausbilder ein Selbstbild und Selbstverständnis als Pädagoge (!) entwickeln. Mit den im Betrieb anstehenden technischen und organisatorischen Tagesaufgaben wird oftmals die innere Identifikation des Ausbilders mit der Aufgabe des Pädagogen erschwert. In vielen Fällen sieht sich der Ausbilder mehr als der Fachmann, der Techniker, welcher sein Wissen und seine Fähigkeiten weitergibt. Dass dieses Weitergeben ein pädagogisches, soziales und emotionales Prozessgefüge darstellt, ist sicher nicht jedem Ausbilder bewusst. Dieses Prozessgefüge besteht unter anderem darin, dass der Ausbilder den Lerner, wie schon angedeutet, zum Gestalter seiner eigenen Lernerfahrung machen muss, indem er ihm Einstellungen und Erfahrungen als Ausgangs- und Anknüpfungspunkt des Neulernens abverlangt und damit auch den Lerner zu einer positiven Selbstbetrachtung seines Lernprozesses bewegt.

Das Ansehen des Ausbilders im Betrieb hängt natürlich von seinen fachlichen Fähigkeiten ab, muss aber innerbetrieblich auch in der Form gefördert werden, dass der Betrieb und damit *alle* Führungskräfte die Weiterbildung der Erwachsenen wollen und die pädagogischen Fähigkeiten des Ausbilders sehen, würdigen und kommunizieren. Dies sollte dem Unternehmen und den Führungskräften umso leichter fallen, je mehr das Thema Weiterbildung sich in der Erfüllung von Aufgaben der Zertifizierung bei der Einführung oder Weiterentwicklung von Managementsystemen widerspiegelt.

In einem *zweiten Schritt* ist es erforderlich, die Ausbilder in ihrer pädagogischen Kompetenz zu stärken und diese Stärkung auch offensiv zu betreiben. Dazu gehört die Weiterbildung der Ausbilder unter aktuellen Erkenntnissen der Andragogik, bzw. Erwachsenenpädagogik. Der einmalige Abschluss einer *Ausbildung der Ausbilder* ist sicher ein gutes Fundament, aber auch für den Ausbilder gehört lebenslanges Lernen zum Beruf und die pädagogischen Erkenntnisse unterliegen ebensolchen Veränderungsprozessen, wie die naturwissenschaftlichen oder technischen Erkenntnisse.

Zur Stärkung der pädagogischen Kompetenz des Ausbilders gehört aber auch, dass er für die Erfüllung seiner pädagogischen Aufgaben Zeit, Raum und Ressourcen zur Verfügung gestellt bekommt. Wenn der Ausbilder zum Lernberater der erwachsenen Arbeitnehmer werden soll, muss er seine pädagogischen Zielstellungen und Konzepte an individuelles Lernerverhalten anpassen und dieses individuelle Lernerverhalten auch entsprechend antizipieren. Dazu benötigt er analytische Fähigkeiten und darüber hinaus die Möglichkeiten, die Ergebnisse seiner Lerneranalyse planerisch umzusetzen.

So muss er differenzieren können, wie das Lernverhalten der Erwachsenen sich von dem der Azubis unterscheidet.

„Dazu bedarf es auch der Fähigkeit, Lernziele aufstellen, beschreiben, reflektieren und überprüfen zu können."[86]

Die Ausbildungsrahmenpläne für Azubis geben vor, dass bestimmte Kern- und Fachqualifikationen über die gesamte Ausbildungsdauer ständig zu vermitteln sind, andere hingegen iterativ und abschnittsweise. Als Beispiel soll hier das *Einrichten von Werkzeugmaschinen oder Fertigungssystemen* aus dem Berufsbild des Zerspanungsmechanikers dienen. Diese berufsspezifische Fachqualifikation wird über die gesamte Ausbildungszeit in mehreren Schritten vermittelt. Damit ist ein übergreifendes Lernziel verbunden, welches durch eine Vielzahl von Unterzielen definiert wird.

4. Beispiel: Der Azubi richtet die CNC-Drehmaschine unter Berücksichtigung der Werkstück- und Werkzeugeinspannung, der Fertigungsparameter und

---

[86] Epping, Rudolf 1998: Pädagogische Aspekte der Professionalisierung in der beruflichen Weiterbildung. In: Klein, Rosemarie ; Reutter, Gerhard (Hg.) (1998): Lehren ohne Zukunft? Wandel der Anforderungen an das pädagogische Personal in der Erwachsenenbildung. Baltmannsweiler: Schneider-Verlag Hohengehren. S. 50.

gegebenenfalls notwendiger Korrekturen so ein, dass die Produktqualität im Testlauf eine nachfolgende Serienfertigung gestattet.

Für den im Beispiel 1 avisierten Mitarbeiter würde ein *Erwachsenen*-Lernziel völlig anders aussehen:

- Beispiel 1a: Der Mitarbeiter, welcher Probleme bei Einrichtarbeiten hat, ist sensibilisiert und gewillt, den Ausbilder zur Lösung seiner Probleme zu Hilfe zu holen und seine Arbeitsvorgänge unter Hilfestellung so lange zu üben, bis die Einrichtarbeiten fehlerfrei und in der üblichen Zeit durchgeführt werden.

Solche Lernziele zu formulieren, methodisch und kollegial umzusetzen, stellt hohe Anforderungen an betriebliche Ausbilder. Der *dritte Schritt* auf dem Wege der Orientierung des Ausbilders auf die Weiterbildung Erwachsener ist die Zielgruppenerreichbarkeit. Dem Ausbilder muss es möglich gemacht werden, Bedingungen zu schaffen und zu nutzen, unter denen

„Lernende ihre Lernpotenziale (besser) entfalten und weiterentwickeln können."[87]

Das bedeutet, dass der Ausbilder die betrieblichen Arbeitsplätze kennen muss. Dazu muss ihm die Zugänglichkeit zu den Arbeitsplätzen ermöglicht werden und diese Zugänglichkeit muss von den Arbeitnehmern und potenziellen Lernern auch akzeptiert und gewährt werden. Dies funktioniert wiederum nur, wenn das Betriebs- und Sozialklima so beschaffen sind, dass der Ausbilder nicht als „Eindringling" betrachtet wird, sondern sozusagen „dazugehört". Nur dann kann der Ausbilder auf die Persönlichkeit oder auf die Kleingruppe zugeschnittene Lernsituationen konzipieren und gestalten können.

Wesentliche Bedingung für die Orientierung des Ausbilders auf die betriebliche Erwachsenenbildung ist also, dass die organisatorische Einbindung seines pädagogischen Wirkens in den Betriebsalltag erfolgt; dass die Lernberatung durch den Ausbilder betrieblich gewollt ist und die Ergebnisse differenzierter Lernberatung in Form von Zielformulierungen als Bestandteil strategischer Unternehmenspolitik für alle verbindlich und transparent gemacht werden.

---

[87] Klein, Rosemarie ; Reutter, Gerhard 2004: Lernberatung als Lernprozessbegleiter in der beruflichen Weiterbildung – Voraussetzungen auf der Einrichtungsebene. In: Rohs, Matthias ; Käpplinger, Bernd (Hg.) (2004): Lernberatung in der beruflich-betrieblichen Weiterbildung. Konzepte und Praxisbeispiele für die Umsetzung. Münster: Waxmann. S. 92.

Arbeitsschutz als wesentliches Element betrieblicher Erwachsenenbildung

Bestandteil jeder Art betrieblicher Prozesse ist, meistens bereits als Unternehmensziel formuliert, der unbedingte Wille, Arbeitsunfälle, Berufskrankheiten und arbeitsbedingte Erkrankungen zu verhüten. Dies ist ein bedeutendes Feld, welches eine Schnittmenge der Ziele von Arbeitgeber und Arbeitnehmern beinhaltet.

In den letzten Jahrzehnten hat sich im Zuge einer immer schneller fortschreitenden technischen Entwicklung von Arbeitsmitteln auch die Entwicklung sicherheitstechnischer Einrichtungen immer weiter ausgeprägt und das Arbeiten sicherer gemacht. Demgegenüber steht die, insbesondere von Nicht-Fachleuten postulierte, These, dass Arbeitsschutz einen Wirtschaftsfaktor, wenn nicht sogar ein Wirtschaftshemmnis darstellen würde. Dies wird aus der Wahrnehmung einzelner Personen noch verstärkt durch Vorurteile, welche Arbeitsschutz *traditionell genießt*. Arbeitsschutz wird noch zu oft als *praxisfern, trocken, langweilig* oder auch *Paragraphenreiterei* wahrgenommen und dargestellt.

In einem funktionierenden Betrieb hingegen wird großer Wert darauf gelegt, dass die Sicherheitseinrichtungen von Maschinen und Anlagen funktions- und manipulationssicher sind, dass die innerbetriebliche Organisation ein behinderungs- und störungsfreies Arbeiten garantiert und dass sich jeder Mitarbeiter sicherheitsgerecht verhält. Genau diese unternehmerische Zielrichtung ist es, die eine genauso gut funktionierende Erwachsenenbildung erfordert, da eben die Anforderungen an sicheres Arbeiten genau die sind, welche an ALLE Mitarbeiter eines Betriebes herangetragen werden und weiterhin von diesen akzeptiert, angewandt und beibehalten werden müssen.

Die Anforderungen, die in diesem Zusammenhang primär an den Ausbilder zu stellen sind, heißen:

- sich seiner Vorbildrolle als Ausbilder bewusst sein,
- sich bewusst sein, dass kraft der Funktion als Ausbilder eine Verpflichtung zur Vermittlung und Vertretung eines arbeitsschutzseitigen Idealzustandes besteht und ferner
- wissen, dass die Außenwirkung des Ausbilders auf seiner unbedingten Authentizität und Glaubwürdigkeit beruht.

Der Ausbilder muss niemandem beweisen, dass er weiß, *wie es in der Praxis gemacht* wird.

Deregulierung im Arbeitsschutz - eine Chance für den Ausbilder

Seit einigen Jahren ist es der erklärte politische Wille, Arbeitsschutz im Betrieb vor allem bedarfsgerecht und unbürokratisch zu gestalten. Dieser Prozess läuft unter dem Schlagwort *Deregulierung* im Arbeitsschutz vor allem in der Form, dass verbindliche Rechtsnormen reduziert werden. Nun kann man aber davon ausgehen, dass diese verbindlichen Rechtsnormen als Reaktionen auf reales Unfallgeschehen zustande gekommen sind. Das durch den ersatzlosen Wegfall verbindlicher Normen entstehende *Regelungsvakuum* ist nun auf anderem Wege zu beseitigen, um das vormalige reale Unfallgeschehen nicht wieder *zum Leben zu erwecken*.

Dieser andere Weg ist die *Gefährdungsbeurteilung* im Betrieb, welche als unternehmerische Aufgabe zu den vielen anderen unternehmerischen Aufgaben dazu gekommen ist. Inwiefern diese Übergabe staatlicher oder autonomer Regelungshoheit in die betriebliche Verantwortung zu einer tatsächlichen Entbürokratisierung geführt hat, soll an dieser Stelle nicht näher untersucht werden. Unstrittig ist hingegen, dass eine solide durchgeführte Gefährdungsbeurteilung praxisorientiert und akzeptabel ist, so dass die unter 4.4 genannten Vorurteile längerfristig weniger werden dürften.

Die Gefährdungsbeurteilung beinhaltet zum einen, dass *objektiv* vorhandene Gefährdungen wahrgenommen und dokumentiert werden müssen. Dies ist eine Betrachtungsweise, welche dem *vor Ort* tätigen Arbeitnehmer sehr schwer fällt, weil er durch Gewohnheiten und Betriebsblindheit an der Wahrnehmung der Gefährdungen gehindert wird.

Dies ist nun der *erste* Ansatzpunkt für den Ausbilder, der im Regelfall die (anderen) Arbeitsplätze frei von Betriebsblindheit zu Gesicht bekommt und daraus bereits Informationen für seine konzeptionelle Vorbereitung zu gewinnen vermag. Damit erzeugt er seinen Erkenntnisvorsprung vor dem Arbeitnehmer in puncto *Gefährdungen* am jeweiligen Arbeitsplatz.

Der nächste methodische Schritt der Gefährdungsbeurteilung ist die Beurteilung des jeweiligen Risikos. Diese Risikobeurteilung soll hier vereinfacht in Anlehnung an die Matrix nach Nohl dargestellt werden.

W Wahrscheinlichkeit	S Schadensausmaß				
	Ohne Arbeitsausfall	Mit Arbeitsausfall	Leichter bleibender Gesundheitsschaden	Schwerer bleibender Gesundheitsschaden	Tod
Häufig	1	2	3	3	3
Gelegentlich	1	2	3	3	3
Selten	1	2	2	3	3
Unwahrscheinlich	1	2	2	2	3
Praktisch unmöglich	1	1	1	2	2

Risikogruppe	Risiko	Maßnahmen
1	Klein	Maßnahmen organisatorisch und personenbezogen ausreichend
2	Mittel	Maßnahmen mit normaler Schutzwirkung notwendig
3	Groß	Maßnahmen mit erhöhter Schutzwirkung dringend notwendig

Abbildung 18: Matrix zur Risikoeinschätzung nach Nohl[88]

---

[88] Gruber ; Mierdel ; Kittelmann (2010): Leitfaden zur Gefährdungsbeurteilung. 10. Auflage. Bochum: VTI. S. 82.

Diese Betrachtung beinhaltet zwei wesentliche Kriterien, nämlich das *Schadensausmaß*, welches zu erwarten ist, sowie die *Wahrscheinlichkeit* des Schadenseintrittes. Beides sind rein subjektive Kriterien, deren Erhebung immer mit Meinungsverschiedenheiten einher geht.

Wenn nun ein Arbeitnehmer/eine Führungskraft für *ihren* Arbeitsplatz/Arbeitsbereich die Wahrscheinlichkeit eines Schadenseintrittes abschätzen soll, spielt die Betriebsblindheit und die Gewohnheit ihm/ihr erneut einen Streich.

Die Eintritts-Wahrscheinlichkeit wird, so die Erfahrung des Autors durch langjährige Befragung von Seminarteilnehmern (ca. 6000), durch den Fachmann *vor Ort* in der Regel eine Stufe zu niedrig eingeschätzt. Wenn man in der gleichen Situation einen Sicherheitsfachmann (Fachkraft für Arbeitssicherheit, Aufsichtsperson der Behörde/BG) befragt, dann wird die Eintritts-Wahrscheinlichkeit in der Regel eine Stufe zu hoch eingeschätzt.

An dieser Stelle liegt das zweite Pfund, mit dem der Ausbilder *wuchern* kann: Er ist am konkreten Arbeitsplatz nicht betriebsblind und er ist auch kein Arbeitsschutz-Fachmann. Das heißt, er kommt im Regelfall bei der *richtigen* Stufe der Wahrscheinlichkeit an und hat damit eine Chance, das Risiko objektiver zu bewerten, als die anderen Beteiligten. Und damit kann er im Rahmen einer betrieblichen Arbeitsschutzausbildung sensibilisierend und objektivierend die Risikobeurteilung vermitteln.

Nachdem die Gefährdungen ermittelt und die Risiken beurteilt worden sind, werden zur Abwendung derselben Maßnahmen festgelegt und umgesetzt. Dies ist ein Schritt der Gefährdungsbeurteilung, an dem der Ausbilder nur bedingt wirksam werden kann, zumal die in der Rangfolge der Schutzmaßnahmen höherwertigen Ebenen (Gefährdung vermeiden, Technische Schutzmaßnahme, Organisatorische Schutzmaßnahme) nur im Konzert der betrieblichen Organisation und der Unternehmerpflichten bearbeitet werden können.

Das eigentliche Tätigkeitsfeld des betrieblichen Ausbilders liegt in der Beeinflussung des sicherheitsgerechten Verhaltens und in der Förderung eines individuellen Sicherheitsbewusstseins der Mitarbeiter. Der Weg dahin ist wiederum ein Bestandteil der betrieblichen Weiterbildung und wird im allgemeinen Sprachgebrauch und auch im Vorschriftenwerk des Arbeitsschutzes als *Unterweisung* bezeichnet.

Auch die verschiedenen Komponenten der betrieblichen Weiterbildung kann man im Betrieb mit der Unterweisung verbinden. Es ist völlig zweitrangig, in welcher methodischen Form Unterweisungen durchgeführt werden. Die Unterweisung wird zu einer solchen, indem ich sie und ihr beobachtbares Endergebnis dokumentiere. Und insofern sind es mit Sicherheit Unterweisungen, wenn der Ausbilder die in den Beispielen 1-3 formulierten Ausgangssituationen pädagogisch aufgreift, als Lernberater den Mitarbeiter zu Verhaltensänderungen begleitet und das Ganze schlussendlich dokumentiert. Damit sind die betriebliche Weiterbildung und auch der Arbeitsschutz wieder ein kleines Stück weiter gekommen.

Zusammenfassung

Die Anforderungen an betriebliche Weiterbildung sind in den letzten Jahren aufgrund neu geordneter Ausbildungsberufe gestiegen. Damit einher ging der Prozess der Deregulierung im Arbeitsschutz. Beide Ausgangspositionen stellen an den betrieblichen Ausbilder höhere Anforderungen bezüglich seiner fachlichen und pädagogischen Kenntnisse und Fähigkeiten. Die Zielgruppe des betrieblichen Ausbilders erweitert sich auf die weiterzubildenden erwachsenen Mitarbeiter und damit eröffnen sich für den betrieblichen Ausbilder Tätigkeitsfelder, welche unmittelbaren Einfluss auf die Unternehmenskultur und die Sicherheitskultur des eigenen Betriebes haben.

Literatur

Ausbildungsverordnung.
    In: Bundesgesetzblatt, Jg. 2004, Teil I, Nr. 34, ausgegeben zu Bonn am 13.Juli 2004, S. 1502-1512.
Berufsbildungsgesetz
    Online: http://www.bmbf.de/pub/bbig_20050323.pdf
Epping, Rudolf 1998: Pädagogische Aspekte der Professionalisierung in der beruflichen Weiterbildung. In: Klein, Rosemarie ; Reutter, Gerhard (Hg.) (1998): Lehren ohne Zukunft? Wandel der Anforderungen an das pädagogische Personal in der Erwachsenenbildung. Baltmannsweiler: Schneider-Verlag Hohengehren. S. 46-53.
Gruber ; Mierdel ; Kittelmann (2010): Leitfaden zur Gefährdungsbeurteilung. 10. Auflage. Bochum: VTI.
Klein, Rosemarie ; Reutter, Gerhard 2004: Lernberatung als Lernprozessbegleiter in der beruflichen Weiterbildung – Voraussetzungen auf der Einrichtungsebene. In: Rohs, Matthias ; Käpplinger, Bernd (Hg.) (2004): Lernberatung in der beruflich-betrieblichen Weiterbildung. Konzepte und Praxisbeispiele für die Umsetzung. Münster: Waxmann. S. 89-113.
Rohs, Matthias ; Käpplinger, Bernd 2004: Lernberatung – ein Omnibusbegriff auf Erfolgstour. In: Rohs, Matthias ; Käpplinger, Bernd (Hg.) (2004): Lernberatung in der beruflich-betrieblichen Weiterbildung. Konzepte und Praxisbeispiele für die Umsetzung. Münster: Waxmann. S. 13-27.

4 Gestaltung von Arbeitsschutz in der Berufsausbildung

Arbeitsschutzgerechtes Lernen
in der Berufsausbildung

Astrid Kaeding

Berufschancen für jugendliche Lerner im Unternehmen gestalten, heißt, gesellschaftskonforme Erwartungshaltungen an Berufsbildung umsetzen, welche u.a. vom Gesetzgeber fixiert wurden, siehe BBiG, §1.

Neue Fachkräfte verkörpern eine wichtige Schlüsselfunktion für den Erfolg eines Unternehmens: sie sind potenzielles Humankapital des Unternehmens. In einer sich wandelnden Arbeitswelt sind sie eine wichtige Ressource. Dabei ist der Blick nicht nur auf den neu qualifizierten Facharbeiter, der gerade eine Ausbildung absolviert hat, zu lenken. Im Rahmen der Berufsbildung sind auch die Auszubildenden zu berücksichtigen, die über die Berufsausbildungsvorbereitung an eine Berufsausbildung herangeführt werden, bzw. Personen, die über berufliche Fortbildung ihre Handlungsfähigkeit erweitern. Sie werden sich neuen Arbeitsaufgaben stellen. Sie werden ebenso neu in Tätigkeitsfeldern sein wie Personen, die über eine berufliche Umschulung zu einer anderen Tätigkeit befähigt wurden.

Alle sind in gewisser Weise neu an einem Arbeitsplatz. Sie stellen sich mit ihrem Wissen, ihren Fähigkeiten, ihren Ressourcen einer anderen beruflichen Herausforderung als bisher.

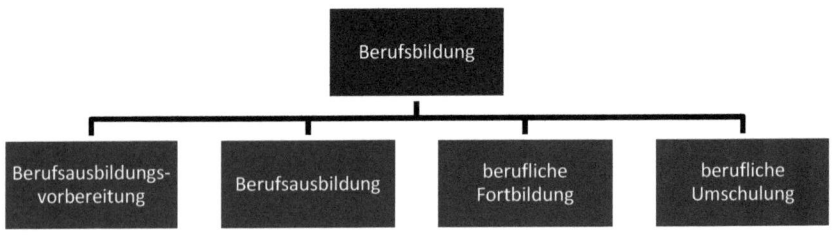

Abbildung 19: Ziele und Begriffe der Berufsbildung, BBiG, §1(1)

Dennoch müssen die einzelnen Bereiche der Berufsbildung unterschiedlich umgesetzt werden, sind sie doch von spezifischen Anforderungen und Chancen geprägt. In diesem Beitrag soll der Schwerpunkt auf Berufsausbildung gelegt werden.

Berufsausbildung zwischen *Human-* und *Sozialkapital*

Berufsausbildung hat die Aufgabe der Qualifikation zukünftigen Humankapitals. Dabei geht es jedoch um keine bloße Reproduktion von Humankapital; es muss eine Qualitätsänderung gemäß der wirtschaftlichen Anforderungen erfolgen. Deshalb wäre auch der Blickwinkel zu eng, dass allein berufliche Handlungsfähigkeit das Ausbildungsziel bestimmen würde[89]. Das Berufsbildungsgesetz gibt den Rahmen für eine veränderte Ausbildungsqualität vor, z.B. mit § 2 (Lernorte der Berufsbildung) oder Punkt 5 des § 14 (1). Im Zuge gegenwärtiger wirtschaftlicher Entwicklungen ist es sinnvoll, nicht nur vom Humankapital zu sprechen, sondern vom Humanvermögen, welches sich nach Badura durch folgende Wechselwirkungen definiert[90]:

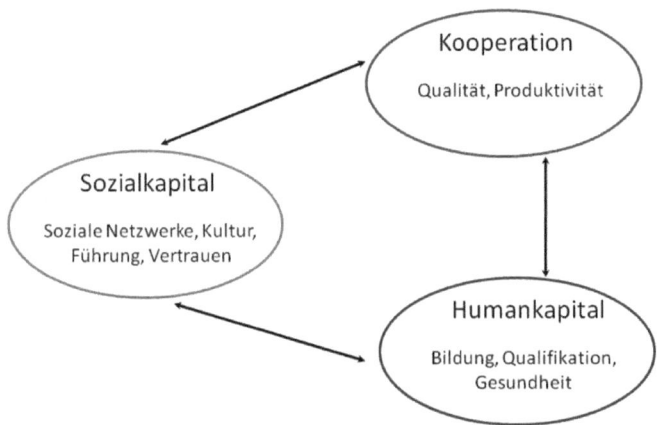

Abbildung 20: Wechselwirkungen von Humanvermögen, Badura (2010)

---

[89]   BBiG, § 14, (1)
[90]   Badura, B. 2010: Wege aus der Krise. – In: Badura, Schröder, Klose, Macco (2010): Fehlzeiten-report 2009. Arbeit und Psyche: Belastungen reduzieren – Wohlbefinden fördern. Heidelberg, Berlin: Springer. S. 8.

Der Begriff des „Humanvermögens" erscheint gerade für die Berufsausbildung lohnenswert, unterstreicht er doch die Prozesshaftigkeit von Ausbildung. Jugendliche sollen während der Zeit der Berufsausbildung Strategien an die Hand bekommen, die es ihnen ermöglichen, Kompetenzen, eigene Stärken, zu entdecken und zu entfalten (siehe Kapitel 1 und 2). Das impliziert vielschichtige psychische Prozesse, z.b. das Entdecken von Gefühlen, Werten, Einstellungen. Über die Verarbeitung derartiger Skripte erwirbt der Jugendliche als Selbstkonzept ein neues subjektives Bild von sich. Es wird von ihm evaluiert und mündet in das Selbstwertgefühl der Person: egal ob jugendliche Person oder erwachsene. Für den Jugendlichen spielt dabei jedoch die soziale Anerkennung eine größere Rolle als beim Erwachsenen:

> „Das Selbstwertgefühl ist abhängig von den eigenen Eigenschaften, Fähigkeiten und Merkmalen, die man selbst als wertvoll oder aber als unzulänglich einschätzt, dabei ist die soziale Anerkennung eine wesentliche Einflussgröße, vor allem als Jugendlicher, wenn man „noch wenig erreicht hat", und wenn man sich erst noch eine eigene Meinung von den Werten verschaffen muss, die dann später als ‚quasi objektive' eingeschätzt werden (was selten reflexiv bewusst geschehen dürfte)."[91]

Die Gruppe der Gleichaltrigen, die Ausbildungskultur und Ausbildungsorganisation, die Unternehmenskultur, alles das, was nach Badura als *Sozialkapital* bezeichnet werden kann, sind in der Ausbildung eine maßgebende Komponente, ohne die Humankapital nicht *entstehen* kann und ohne die *Kooperation*, als dritte Komponente, zukünftig nicht gesichert werden kann.

Der Ansatz von Badura, entwickelt für den erwachsenen Beschäftigten, erhält in der beruflichen Erstausbildung ein neues Gewicht: will Badura Humanvermögen mobilisieren, so muss es durch die Berufsausbildung erst zu einer mobilisierungsfähigen Größe werden. Es gilt zu untersuchen, welche Anforderungen an *Sozialkapital* unter dem Blickwinkel der modernen Berufsausbildung stehen.

Anforderungen an ‚Sozialkapital' aus Sicht der psychischen Gesundheit

Die Ressource *zukünftige Fachkraft* muss in ihrer Ausbildung lernen, sich selbst wahrzunehmen.

---

[91]   Zisler, Diana Christina (2009): Wer bin ich? Grundprobleme menschlicher Existenz. Frankfurt: Peter Lang. S. 71.

„Wahrnehmung bezeichnet den Prozess der sinnlichen Erkenntnis. Er lässt sich hierarchisch gliedern in Sensorik: Reizaufnahme und frühe Unterscheidungen nach einfachen Reizmerkmalen; Organisation: Strukturierung und Klassifizierung der Reize mit dem Ziel der Prägnanzbildung; Interpretation: Erkennen von Bedeutung oder Funktion in den Informationen der Sinnessysteme."[92]

Die verarbeiteten Informationen ermöglichen Erkenntnis. In Bezug auf die eigene Person kann die Wahrnehmung zur Selbstreflexion führen. Der Mensch ermöglicht sich eine kognitive Leistung: eine situative Standortbestimmung seiner Person. Sein Handeln kann ihm transparenter werden; es kann kompetenter werden, weil es ihm besser verständlich und somit, durch die höhere Durchschaubarkeit, beeinflussbarer wird.

Was luxuriös anmutet, korreliert mit Zielstellungen, die aus der sozialtherapeutischen Intervention bekannt sind: Prozesse initiieren, in denen die Betroffenen die Wahrnehmung der Situation sowie eigener Stärken entwickeln und darüber hinaus fähig werden, brachliegende soziale Ressourcen nutzbar zu machen[93].

Ziel des Prozesses der kritischen Selbstreflexion soll u.a. die Erkenntnis des individuellen Lernbedarfs sein: individuelle Ressourcen und Weiterbildungsbedarfe werden vom Individuum selbst erkannt.

Die Fähigkeit zur Reflexion ist in der Gegenwart unabdingbar geworden: Arbeitsverdichtung, Leistungsdruck und zunehmender Umgang mit Neuen Medien sind Merkmale der Industriegesellschaft. Ein Arbeitnehmer kann unter den wechselnden Arbeitsbedingungen nicht mehr allen Herausforderungen Stand halten, wenn er sich nicht ständig qualifiziert. Nur ein Mitdenken mit den Anforderungen wird es ermöglichen, dass der Mitarbeiter auf Dauer gesund seine Arbeitsaufgaben bewältigt. Zisler formulierte gar:

„Die Einwanderung des Ressourcen-Begriffs aus der Ökonomie in die Soziologie (70er Jahre) und die Sozialpsychologie (80er Jahre) und dessen Eignung bei der Rekonstruktion von Identitätsarbeit illustriert die Durchkapitalisierung individueller Entwicklung in der Moderne – das Leben als „marktwirtschaftliche Veranstaltung"[94].

Diese Idee wird konsequent durch betriebliche marktwirtschaftliche Führungsinstrumente umgesetzt: Mitarbeitergespräche und Personalentwicklungskonzepte sind heute Instrumente betrieblicher Führung, welche Fähigkeiten zur Selbstreflexion der Beschäftigten abverlangen. Mittels konkreter Instrumente ist Selbstreflexion in Betrieben institutionalisiert worden.

---

[92] Ebenda. S. 56.
[93] Vgl. ebenda. S. 122.
[94] Ebenda. S. 123.

Gemäß dieser Herangehensweise müsste der erwachsene Beschäftigte in der Lage sein, sich so zu reflektieren und zu bewerten, dass er individuelle Stärken, aber auch Defizite und Ansprüche an seine Weiterbildung formuliert. Dass dieser Anspruch weit entfernt von seiner Umsetzung ist, zeigen u.a. Studien in führenden Industrieländern Europas[95], welche den Schluss zulassen, dass gerade bei gering qualifizierten Personengruppen im Betrieb die Fähigkeit zur Selbstreflexion wenig, bzw. zu gering ausgebildet ist. Zumindest wurde festgestellt, dass bei niedrigen sozialen Schichtzugehörigkeiten, gemessen an Bildung, Einkommen, an der beruflichen Stellung, Symptome von Stressbelastungen, wie koronare Herzkrankheiten, Sterbefälle infolge von koronaren Herzkrankheiten besonders ausgeprägt waren. Diese Personengruppen waren nicht mehr in der Lage, ihre zu starke Beanspruchung zu reflektieren.

Eine solche Sprache sprechen auch die DAK-Gesundheitsreports, die jährlich eine Zunahme von Arbeitsunfähigkeitstagen auf der Basis psychischer Erkrankungen konstatieren:

---

[95] Vgl. Marmot, Michael ; Siegrist, Johannes ; Theorell, Tores 2006: Health and the psychosocial environment at work. In: Marmot, M. ; Wilkinson, R.G. (Hg.) (2006): Social determinants of health. Oxford ; New York: Oxford University Press. S. 97 ff.
Siegrist, Johannes ; Knesebeck v.d., Olaf ; Starke, Dagmar ; Joksimovic, Ljiljana (2001): Soziale Reziprozität und Gesundheit – eine explorative Studie zu beruflichen und außerberuflichen Gratifikatonskrisen. Düsseldorf: Institut für medizinische Soziologie. S. 13.

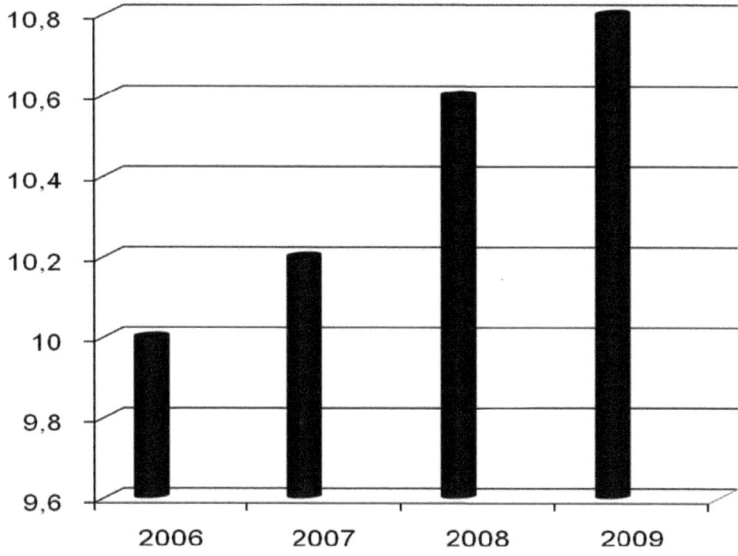

Abbildung 21: Prozentualer Anteil der psychischen Erkrankungen am Krankenstand nach DAK-Gesundheitsreports[96]

Auch wenn die steigende Anzahl von Fehlzeiten auf der Basis psychischer Probleme in der Literatur durchaus kontrovers diskutiert wird[97], so ist doch unbestritten, dass die Fähigkeiten zur Stressbewältigung bei der berufstätigen Bevölkerung zu gering ausgebildet sind. Sie stellen keine Ressource dar, so dass das individuelle Wohlbefinden erheblich leidet. Hüther, Fischer führten weitergehend sogar aus:

> „Zu viele Menschen leiden an Angst und Stress, weil sie über zu geringe Ressourcen zur Stressbewältigung verfügen. Hierzu zählt eine unzureichende Fähigkeit

---

[96] DAK-Gesundheitsreports 2007, 2008, 2009, 2010. Online:
http://www.dak.de/content/filesopen/Gesundheitsreport_2007.pdf
http://www.dak.de/content/filesopen/Gesundheitsreport_2008.pdf
http://www.dak.de/content/filesopen/Gesundheitsreport_2009.pdf
http://www.presse.dak.de//DAK_Gesundheitsreport_2010_2402.pdf

[97] Vgl. Heyde, K. ; Macco, K. 2010: Krankheitsbedingte Fehlzeiten aufgrund psychischer Erkrankungen – eine Analyse der AOK-Arbeitsunfähigkeitstage des Jahres 2008. – In: Badura, B. : Schröder, H. ; Klose, J. ; Macco, K. (2010): Fehlzeiten-Report 2009. Arbeit und Psyche: Belastungen reduzieren – Wohlbefinden fördern. Heidelberg: Springer, 2010. S. 33.

zur Selbstregulation und zur Selbstreflexion, zu schwach entwickelte Kontrollüberzeugungen und Selbstwirksamkeitskonzepte, zu gering ausgebildete Frustrationstoleranz und Flexibilität. Bei vielen sind die Konfliktlösungskompetenz, die Planungs- und Handlungskompetenz und die Fähigkeit zur konstruktiven Beziehungsgestaltung nur unzureichend entwickelt. Diese Menschen erleben sich allzu leicht als ohnmächtig, als ausgeliefert und fremdbestimmt."[98]

Als Gegenpol zu solch einer Entwicklung will Berufsbildung jungen Menschen ein Bewältigungsinstrument *mitliefern*. Spricht das BBiG, § 14 (1) noch davon, dass Ausbildende dafür sorgen müssen, „dass den Auszubildenden die berufliche Handlungsfähigkeit vermittelt wird, die zum Erreichen des Ausbildungsziels erforderlich ist"[99] und unter Punkt 5 des gleichen Paragraphen von der Notwendigkeit zur charakterlichen Förderung Jugendlicher, so fordern dagegen Ausbildungsverordnungen die Befähigung Jugendlicher zum Einnehmen von Metaebenen. Im Rahmen der Prüfung aller Metallausbildungsberufe müssen z.b. über die Auftrags- und Funktionsanalyse Handlungsabläufe kommentiert, eingeordnet werden, Ableitungen müssen getroffen werden[100]. Diese Fähigkeit hilft nicht nur, betriebliche Prozesse zu beschreiben, sondern auch sich selbst innerhalb dieser betrieblichen Prozesse zu verorten und zu reflektieren.

Es kann nicht das Ziel sein, in betrieblichen oder (Berufs-)schulischen Zusammenhängen eine noch gelungenere, noch effizientere kritische Selbstreflexion institutionalisieren zu wollen. Selbstreflexion als implementierter Bestandteil von Gruppen, Organisationen, Kulturen und Systemen ist dadurch problematisch, dass sie den jeweiligen Status quo bedroht: „weil sie manifeste wie latente Konflikte/Widersprüche thematisiert. Ein weiteres Problem ergibt sich aus den spezifischen Instituationalisierungseffekten von Selbstreflexion: sie belastet den erforderlichen Eigenbedarf von Institutionen und bleibt dauerhaft instabil."[101]

Die Ausrüstung der Person jedoch mit den notwendigen Fähigkeiten zur kritischen Selbstreflexion und ihre Fähigkeit zur Selbstregulation sind wesentliche Komponenten von Humankapital, die die spätere Mobilisierung des Humanvermögens möglich machen wird! Ein stringentes und bewusstes Umsetzen der Ausbildungsverordnung in diesem Sinne fördert nicht nur gesunde zukünftige Fachkräfte, sondern auch die Wettbewerbsfähigkeit der Unternehmen in Zukunft (involviert im Sozialkapital).

---

[98] Hüther, G. ; Fischer, J.E. 2010: Biologische Grundlagen des psychischen Wohlbefindens. In: ebenda, S. 27.

[99] BBiG § 14 (1)

[100] Ausbildungsverordnung. In: Bundesgesetzblatt, Jg. 2004, Teil I, Nr. 34, ausgegeben zu Bonn am 13.Juli 2004, S. 1502-1512.

[101] Zisler, Diana Christina (2009): Wer bin ich? Grundprobleme menschlicher Existenz. Frankfurt: Peter Lang. S. 77.

Da der Begriff des Sozialkapitals jedoch kontextbezogen zur Gesellschaft begriffen werden muss, soll zunächst dieser Part gesondert betrachtet werden.

,Sozialkapital' aus Sicht einer schrumpfenden Bevölkerung

Am Markt befindliche Unternehmen müssen betriebswirtschaftlich sinnvoll geführt werden. Die Ausbildung eines zukünftigen Mitarbeiters beeinflusst im positiven Sinne den Fortbestand des Unternehmens. Somit ist das Interesse an jugendlichen Auszubildenden durchaus groß und regional derzeit, je nach geburtenstärkeren und –schwächeren Gebieten auch unterschiedlich stark ausgeprägt. Im Zuge der sich bundesweit wandelnden Bevölkerungsstruktur lohnt ein Blick in Richtung der Bemühungen geburtenschwächerer Regionen. „Sozialkapital" kann nicht nur im Rahmen eines Klein-, mittelständischen oder Großunternehmens verstanden werden. Das soziale Netzwerk braucht in Zukunft mehr denn je Rückgriffsmöglichkeiten auf Institutionen, neue regionale Interessenverbände, um Humankapital zu sichern.

Ein plastisches Beispiel in dieser Hinsicht ist die bevölkerungsschwache Region der Oberlausitz, Bundesland Sachsen. Auf Initiative der ortsansässigen Wirtschaft und der Industrie- und Handelskammer Dresden wurde die Agentur: *Sachse komm zurück* ins Leben gerufen. 2003 konnte die Agentur mit Sitz in Neugersdorf bei Löbau ca. 190 Unternehmen bereits aktivieren, die für junge Fachkräfte über Hotline, Internetauftritt (www.sachsekommzurueck.de) aktuelle Stellenangebote bereit halten. Wer (noch) Gefühle von Heimatverbundenheit hat und in der Ferne Möglichkeiten zur Rückkehr sucht, kann darauf zurückkommen. Über die Internetplattform werden vor allem Personen angesprochen, die im Umgang mit dem PC geübt sind und somit spezielle Qualifikationen vorweisen können.

Die Aktion stößt auf Zuspruch[102], allerdings wird sie allein kaum den Fachkräftebedarf Sachsens, der sich vor allem im Bereich der Facharbeiter und der Hochschulabsolventen abzeichnet, decken können[103]. Dennoch sind diese Aktivitäten bemerkenswert, verweisen sie doch sowohl auf den Willen einer Region zu ihrer Entwicklung, als auch auf strategische Ansätze: reichen jugendliche Auszubildende in der Region nicht aus, müssen ausgebildete junge Fachkräfte rückgeworben werden.

---

[102] http://mephisto976.uni-leipzig.de/sendungen/beitrag/artikel/sachse-komm-zurueck.html
[103] Raßbach, Kirstin ; Pohl, Matthias (2009): Studie im Ergebnis einer Unternehmensbefragung in 2009 zur Fachkräfteentwicklung im sächsischen Maschinen- und Anlagenbau. Verbundinitiative Maschinenbau Sachsen (VEMAS). Dezember 2009, S. 3.

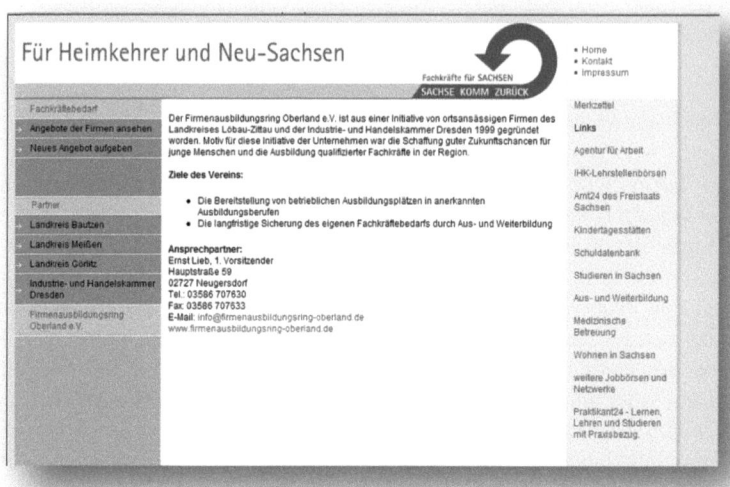

Abbildung 22: Internetauftritt der Aktion *Sachse komm zurück*

Der zweite Aspekt der Aktion *Sachse komm zurück* war die Gründung eines überbetrieblichen *Firmenausbildungsringes Oberland e.V.*, über welchen betriebliche Ausbildungsplätze bereit gestellt werden.

> „Motiv für diese Initiative der Unternehmen ist, dass die Schaffung guter Zukunftschancen für junge Menschen und das Vorhandensein qualifizierter Fachkräfte wichtige Voraussetzungen für ein funktionierendes Gemeinwesen, aber auch wesentliche Faktoren für den Fortbestand und die Wettbewerbsfähigkeit der Region sind."[104]

In einem sanierten und neu aufgebauten *Bildungszentrum Oberland*, Neugersdorf, investierten mittelständische und Kleinunternehmen, um Maschinen zur Ausbildung anzuschaffen, die sich in ihren Unternehmen nicht rechnen würden, die aber zur Berufsausbildung notwendig sind. Auszubildende verschiedener Unternehmen nutzen Ausbildungskapazitäten gemeinsam und erwerben in diesem Bildungszentrum spezifisches Wissen. Langfristig soll so das Fachkräftepersonal vom Betrieb aufgebaut und abgesichert werden.

---

[104] Firmenausbildungsring Oberland e.V. (Hg.) (o.J.): Perspektiven durch Ausbildung. Görlitz. S. 4.

Abbildung 23: Blick in den Maschinenraum des *Bildungszentrums Oberland*

Aber auch aus den Bundesländern Sachsen-Anhalt, Ostthüringen, Mecklenburg-Vorpommern sind vielfältige Programme und Initiativen für die Rückkehr in die angestammten Bundesländer bekannt. Die Förderpolitik in Thüringen, gestützt über Erhebungen der Universität Jena[105], mündete 2007 u.a. in eine Werbeaktion des Wirtschaftsverbandes Ostthüringen (WVOT).

In Mecklenburg-Vorpommern wurde von Schwerins Arbeitsminister, auf der Basis einer staatlichen Initiative, die Agentur mv4you mit dem Internetportal www.mv4you.de ins Leben gerufen. Sie setzt gleichfalls bei gut ausgebildeten Rückkehrwilligen an, weist auf freie Stellen hin und hilft bei der Suche nach dem sozialen Netz; Wohnung, Kinderbetreuung.

Diese Aktion macht Heimweh zum Thema, z.B. mit der Botschaft der Homepage: *Setze deine Segel, wir unterstützen dich.* Über spezielle Veranstaltungen (kulturell-informelle Events) in Regionen mit einem hohen Anteil an ehemaligen Bürgern aus MV werden Heimatabend und Jobmessen realisiert.

---

[105] U.a. Projekt Führungskräfte in mittelständischen Unternehmen: Bedarf, Rekrutierung, Bindung (2007). Online: http://www.wzb.eu/gwd/into/pdf/bluhm_hwp-bericht2007.pdf

Unternehmen aus Mecklenburg-Vorpommern erhalten die Möglichkeit, sich selbst zu präsentieren und Perspektiven für Rückkehrwillige aufzuzeigen. Auf der Basis dieses Transportes *Heimatgefühl* entstanden u.a. bereits *Stammtische* von ehemaligen Bürgern aus MV im Raum Hamburg und Bremen.

Getreu dem Motto: „Wer geht, ist nicht vergessen" bietet auch Sachsen-Anhalt ein Internetportal für Rückkehrwillige an: das PFIFF-Fachkräfteportal (www.pfiff-sachsen-anhalt.de) hält ein umfangreiches aktuelles Stellenangebot mit Hotline-Betreuung vor.

Abbildung 24: Internetauftritt des Landes Sachsen-Anhalt für rückkehrwillige Fachkräfte

Darüber hinaus existieren diverse Programme und Projekte zur Unterstützung bei der Arbeitsplatzfindung, wie u.a. das Programm „Gegen Abwanderung junger Landeskinder – GAJL plus", mit dessen Hilfe arbeitslose Jugendliche unter 25 Jahren mit abgeschlossener Berufsausbildung dauerhaft in Arbeitsverhältnisse bei privaten Arbeitgebern in Sachsen-Anhalt eingegliedert werden sollen. Ein Europa-Job-Center bietet individuelle und kostenlose Beratung und Unterstützung für Interessenten, die unter 25 Jahre alt sind, eine Ausbildung abgeschlossen haben, keinen passenden Arbeitsplatz für sich gefunden haben, aber im Ausland berufliche Erfahrungen sammeln wollen, um dann zurückzukehren. Daneben stehen Projekte zur Eingliederung über Arbeitnehmerüberlassung, Einstellungshilfen für Arbeitgeber oder Unterstützungsprojekte für junge Existenzgründer wie *Enterprise*.

Alle diese Initiativen, Projekte, Aktionen befinden sich jedoch in großer Konkurrenz zu Aktionen strukturstärkerer Regionen, z.B. Hamburg, die nunmehr gleichfalls um Potenzial des zukünftigen Ausbildungsmarktes werben.

Mittlerweile läuft in der Industrie ein Wettbewerb um Jugendliche, denen Chancen im betrieblichen Umfeld zugesprochen werden. Sie sind begehrt als Auszubildende und zukünftige Mitarbeiter, als Wissens- und Erfahrungsträger aus Arbeitszusammenhängen in anderen Bundesländern oder aus dem Ausland.

Die Tendenz ist insgesamt positiv zu bewerten: Jugendlichen werden nicht nur Möglichkeiten eingeräumt, sie erfahren Aufmerksamkeit ihres Sozialraumes und Bemühungen um die Ausprägung ihrer Kompetenzen. Nicht nur für den Betrieb sind Jugendliche wichtig, sondern auch für das Bundesland, die Region und den kulturellen Kontext. Deshalb muss Sozialkapital für Ausbildung in Zukunft als globales regionales Netzwerk verstanden werden, in welchem sich Institutionspartner neu bilden, finden oder definieren müssen.

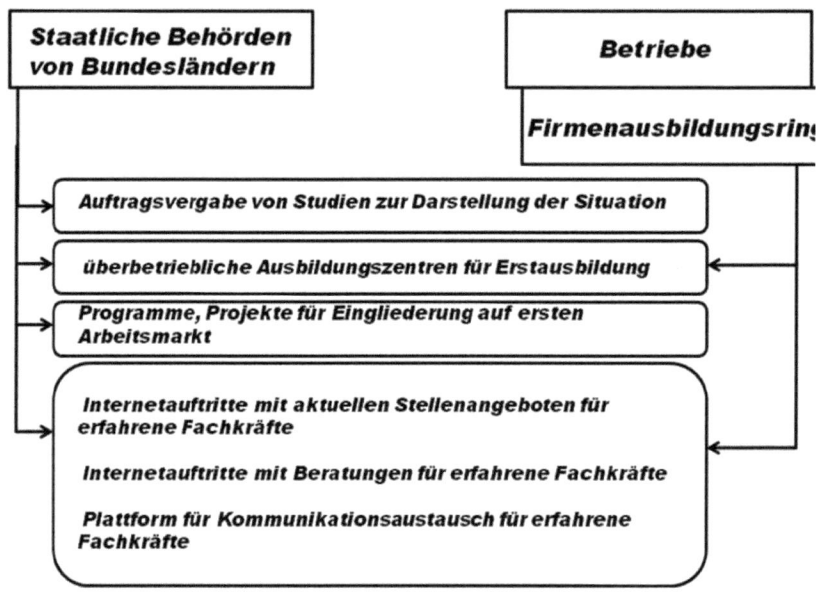

Abbildung 25: Zusammenfassung der Vorgehensweisen in den einzelnen
Bundesländern

An den einzelnen jungen Menschen, sei es der junge Facharbeiter oder der potenzielle Auszubildende, wird eine Rollenerwartung offeriert: Berufserfahrung
wird honoriert. Ein Verbleiben ohne Ausbildungsplatz, ohne abgeschlossene
Ausbildung oder ohne Eingliederung in den ersten Arbeitsmarkt trotz abgeschlossener Berufsausbildung und angesichts der Möglichkeiten, die von staatlichen wie betrieblichen Stellen geboten werden, senkt die Chancen der Person.
In diesen Fällen ist die Entscheidung, Erfahrungen im Rahmen von befristeten
Arbeitsverhältnissen in anderen kulturellen oder sozialen Zusammenhängen
sammeln zu wollen, von Vorteil. Sie wird gleichfalls honoriert und gefördert
durch Projekte und Programme, die zeitweises Sammeln von Erfahrungen ermöglichen. Die emotionale Bindung an die Region soll auch in der Ferne nach
Möglichkeit erhalten bleiben.

Derartige Freiräume in der Gestaltung des individuellen Lebensentwurfes
bedingen jedoch gleichfalls permanente Selbstreflexion. Das Individuum ent-
scheidet sich und zwar in Abhängigkeit von seiner momentanen Lebenssituation
und von der Situation im Unternehmen:

106

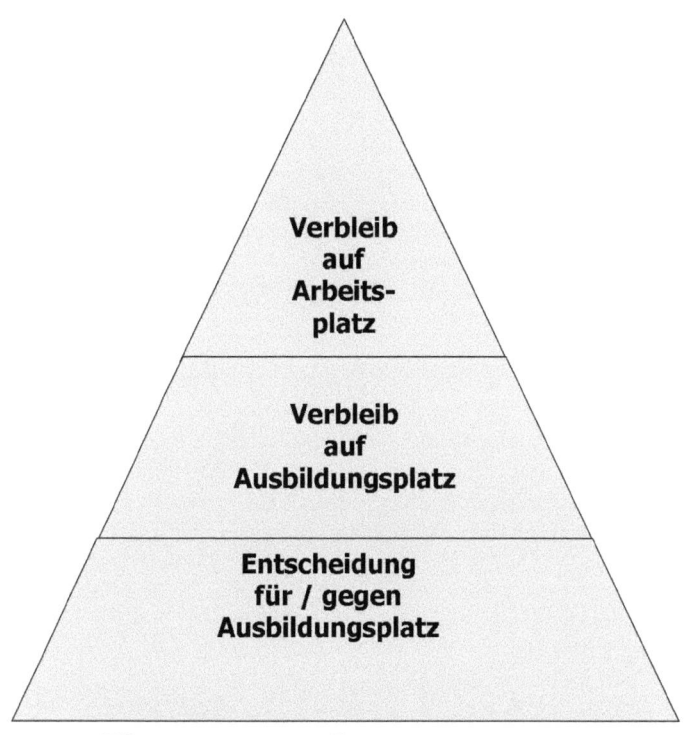

FÄHIGKEIT ZUR SELBSTREFLEXION

Individuum

Abbildung 26: Entscheidungsspielräume des Individuums in Abhängigkeit von seiner Fähigkeit zur Selbstreflexion

Wie hinreichend festgestellt wurde, dienen Fähigkeiten zur kritischen Selbstreflexion und zum Ableiten von Veränderungsprozessen durchaus der psychischen Gesundheit. Selbstregulation in der beruflichen Erstausbildung und ihr Rückgriff auf die Organisation mit ihrer Unternehmenskultur und Führung, Vertrauen in regionale Netzwerke sollen an dieser Stelle noch einmal betrachtet werden.

Anforderungen an Selbstregulation und Commitment in der beruflichen Erstausbildung

In einer Studie zur demografischen Entwicklung Sachsen-Anhalts wurde festgestellt, dass nicht allein der Mangel an Arbeitsplätzen zum Wegzug von Fachkräften aus der Region führt,

> „sondern die Qualität der Arbeitsplätze und vor allem die Möglichkeiten einer beruflichen Weiterentwicklung spielen bei Wanderungsentscheidungen die größte Rolle. (…), dass junge Menschen das Gefühl hatten, mit ihrer Tätigkeit im Land nicht ernst genommen zu werden, dass sie nicht als Träger von Zukunft in ihrem Betrieb und in ihrem Umfeld wahrgenommen wurden und deshalb die Bereitschaft zu gehen zunahm." [106]

Die Identifikation mit dem Betrieb, mit den Zielen des Betriebes: Commitment hatte nicht funktioniert. Da die Studie (Untersuchungszeitraum 2002-2004) bei jungen Fachkräften durchgeführt wurde, die unlängst ihre Berufsausbildung in Sachsen-Anhalt absolviert hatten, folgt, dass Berufsausbildung in diesem Zeitfenster Commitment nicht, oder nicht ausreichend vermitteln konnte. Commitment äußert sich über die Ebenen:

> „1) Akzeptanz und Internalisierung von Werten und Zielen einer Organisation 2) Motivation, die Organisationsziele zu erreichen und 3) feste Absicht, in der Organisation zu verbleiben." [107]

Das Konstrukt der Verpflichtung gegenüber dem Unternehmen ist z.B. direkter Gegenstand des prozessorientierten ganzheitlichen Ansatzes in den neu geordneten Metallberufen. Es gilt der Leitsatz:

> „Wo immer es möglich ist, sind Qualifikationen an realen Aufträgen aus dem Betrieb zu erlernen." [108]

---

[106] Dienel, Christiane (2005): Auswirkungen des demografischen Wandels auf die Regionalentwicklung – Herausforderung und Chance. Vortrag Bad Düben, 2. Juni 2005. S.5.

[107] Weinert, Ansfried (2004): Organisations- und Personalpsychologie. 5. Auflage. Weinheim ; Basel: Beltz. S. 178-179.

[108] Vgl. § 3 „Berufsfeldbreite Grundbildung, Struktur und Zielsetzung der Berufsausbildung" (1) der Verordnung über die Berufsausbildung in den industriellen Metallberufen: „Die in dieser Verordnung genannten Fertigkeiten und Kenntnisse (Qualifikationen) sollen prozessbezogen vermittelt werden. Die Qualifikationen sollen so vermittelt werden, dass die Auszubildenden zur Ausübung einer qualifizierten beruflichen Tätigkeit im Sinne des § 1 Abs. 2 des Berufsbildungsgesetzes befähigt werden, die insbesondere selbstständiges Planen, Durchführen und Kontrollieren sowie das Handeln im betrieblichen Gesamtzusammenhang einschließt. Die in

Erkennen von Betriebszielen, Verinnerlichen dieser Ziele, Bereitschaft zum Mittragen der Organisationsziele ist nur über detailliertes Kennenlernen betrieblicher Abläufe möglich. Damit wird eine Grundlage für reflexives Betrachten und Strukturieren professionellen Handelns im Unternehmen geschaffen: der Auszubildende erhält realistische Informationen über das Unternehmen. Darüber hinaus soll das Individuum sich selbst ständig reflektieren. Er benötigt dazu nicht nur aufgabenadäquate Informationen, sondern auch rollenadäquate.

Rollenadäquate Informationen für den Auszubildenden sind z.B. das Erkennen der Ursachenzuschreibung für seine Lernaufgabe.

- Warum bekommt der Auszubildende diese Aufgabe übertragen?
- Welchen Lernfortschritt wird er mit dieser Aufgabe erreichen?
- Was bringt ihm dieser Fortschritt im Rahmen seiner Gesamtausbildung?

Commitment schließt Involviertheit in die eigene Arbeit ein, geht darüber jedoch hinaus. Ein Gefühl der Verpflichtung der Organisation gegenüber kann in der Ausbildung entstehen: Qualifikation wird ausgebildet, Auszubildende können für ihr Unternehmen begeistert werden. Getragen von der Rolle des Auszubildenden bleibt zwangsweise das Gefühl für eine Eigenkontrolle über die Arbeit gering. Die Dimensionen: Selbstwertschätzung (Selfsteem), Selbstwirksamkeit (Selfefficacy) und Selbstbeobachtung (Selfmonitoring) können in einer Berufsausbildung wachsen.

Ziel sollte es sein, die Selbstregulation des Individuums so zu gestalten, dass der eigene Lernstandort geprüft werden kann, als aktiv beeinflussbar begriffen werden kann und somit ggf. aktiv verändert und wiederum genutzt wird. Arbeitsschutz ist dabei ein solcher Gegenstand, der von der Politik über Rahmenlehrpläne zwingend als Trainingsfeld gefordert wird, daneben jedoch auch vielfältige Möglichkeiten bietet. Am Beispiel von Arbeitsschutz muss somit Selbstregulation trainiert und geübt werden. Es bietet jedoch auch Chancen, z.B. zur organisationalen Abstimmung zur Lernortkooperation.

Als Modell zur Selbstregulation folgen wir dem Ansatz von Schmitz und Wiese (2006), welche die Notwendigkeit der Abfolge von Lerneinheiten in den Mittelpunkt stellen: „die Erfahrungen aus dem ersten Lernprozess beeinflussen den nächsten Lernschritt"[109]. Dieses Modell der schrittweisen Kompetenzerwei-

---

Satz 2 beschriebene Befähigung ist auch in den Prüfungen nach den §§ 8 und 9, 12 und 13, 16 und 17, 20 und 21 sowie 24 und 25 nachzuweisen." – Bundesgesetzblatt Jg. 2004 Teil I Nr. 34, ausgegeben zu Bonn am 13. Juli 2004.

[109] Schmitz, Bernhard ; Schmidt, Michaela 2007: Einführung in die Selbstregulation. In: Landmann, Meike ; Schmitz Bernhard (Hg.) (2007): Selbstregulation erfolgreich fördern. Stuttgart: Kohlhammer. S. 11.

terung ist für den Erwerb arbeitsschutzrelevanten Wissens und Könnens insofern wesentlich, da es von einer Synchronie anspruchsvoller Aufgaben ausgeht, die ausschließlich in dieser Abfolge bewältigt werden. Arbeitsschutz ist eine anspruchsvolle Aufgabe und unterliegt somit der Verarbeitung in den dargestellten Phasen.

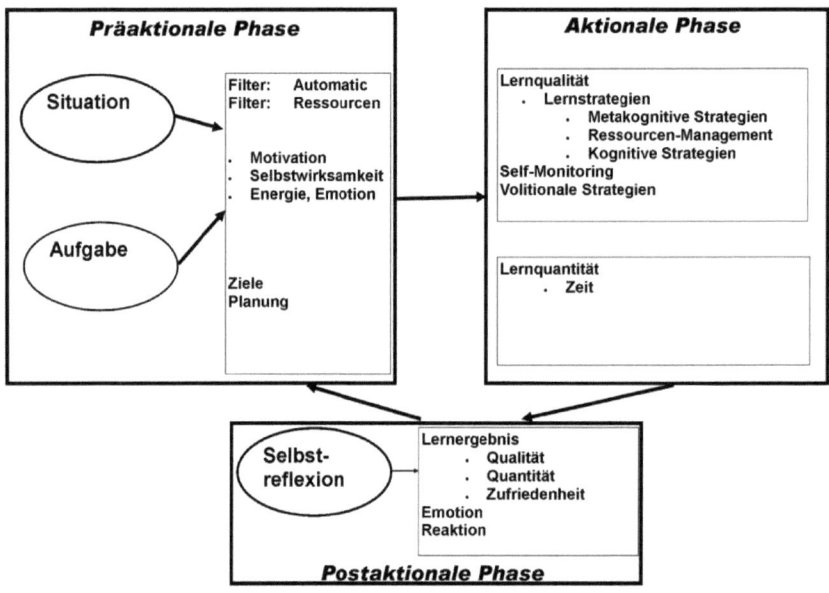

Abbildung 27: Komponenten der Selbstregulation in der präaktionalen, der aktionalen und der postaktionalen Phase (modifiziert n. Schmitz & Wiese, 2006), Schmitz und Schmidt, 2007.[110]

In der präaktionalen Phase stehen Aufgabe, Situation und persönliche Gegebenheiten vor dem Lerner. Es werden die eigenen Ressourcen geprüft: kognitive und motivationale Faktoren, wie Anstrengungsbereitschaft, Lust/Unlust und die eigene Zielsetzung. Wird hierbei Arbeitsschutz in diese Vorüberlegungen nicht einbezogen, besteht die Gefahr, dass er nicht mehr einbezogen wird. Arbeitsschutz gehört zur Planung der Aufgabe, zur Aktivierung des Vorwissens. In metakogni-

---

[110] Ebenda, S. 12.

tiver Hinsicht muss der Lerner berücksichtigen: was benötige ich zur Aufgabenstellung an Arbeitsschutz?

Lernstrategien, die in Bezug auf Arbeitsschutz eingefordert werden, müssen für den Lernprozess metakognitv sein. Nur so können Automatismen antrainiert werden. Kognitive und ressourcenbezogene Strategien werden in der präaktionalen Phase vorausgesetzt. Self-Monitoring und volitionale Strategien, die das Ausmaß der Eigenmotivation, der willentlichen Anstrengung ausdrücken, fördern dabei den Lernprozess. Es gilt zu prüfen, wie und womit kann die Lernumgebung so gestaltet werden, dass kognitive und ressourcenbezogene Lernstrategien im Arbeitsschutz gefördert werden, oder, wie Gläser-Zikuda postulierte:

> „Eine entsprechende Förderung selbstregulierten Lernens erfordert konsequenterweise einerseits Lernumgebungen, in denen die Lernenden überhaupt angeregt werden, neue Inhalte und Zusammenhänge im Rahmen komplexer Aufgabenstellungen selbstreguliert zu erarbeiten."[111]

Somit stehen im Weiteren Instrumente zur Förderung selbstregulierten Lernens im Mittelpunkt der Betrachtung.

Instrumente zur Förderung selbstregulierten Lernens

Ein erprobtes Instrument, welches bisher genutzt wird, um Standortbestimmung für Auszubildende zu erreichen, ist das Berichtsheft. Im Handel für einen kleinen Preis erhältlich, liefert es eine Vorlage dafür, „dass der zeitliche und sachliche Ablauf der Ausbildung für alle Beteiligten – Auszubildenden, Ausbildungsstätte, Berufsschule und gesetzlichen Vertreter des Auszubildenden – in möglichst einfacher Form (stichwortartige Angaben, ggf. Loseblatt-System) nachweisbar gemacht wird (Ausbildungsnachweis)."[112] Die ausgeübte Tätigkeit wird vermerkt, aber auch die Angabe zum Werkstoff, der zur Anwendung kam, die Maschine, Werkzeuge, Hilfsmittel. Es ergibt sich bei derartigen Einträgen für den Nachweisführenden ein Gesamtüberblick: was habe ich in dieser Woche gemacht, genutzt, womit habe ich einen Umgang gelernt.

---

[111] Gläser-Zikuda, Michaela 2007: Training selbstregulierten Lernens auf der Basis des Portfolio-Ansatzes. In: ebenda, S. 115.

[112] Erläuterungen und Eintragungsbeispiele zur Führung des Ausbildungsnachweises. Beschluss des Bundesausschusses für Berufsausbildung vom 24.08.1971 (2). In: Ausbildungsnachweis. Tätigkeitsbericht. RNK-Verlagsnr. 5082, S. 2.

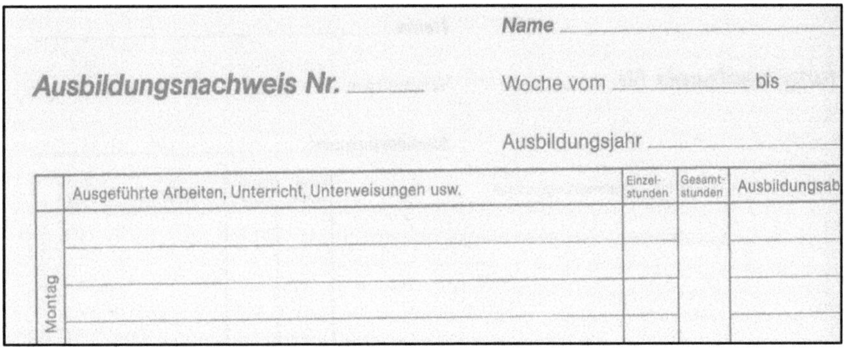
Name

Ausbildungsnachweis Nr.

Woche vom bis

Ausbildungsjahr

	Ausgeführte Arbeiten, Unterricht, Unterweisungen usw.	Einzel-stunden	Gesamt-stunden	Ausbildungsab
Montag				

Abbildung 28: Formblatt nach dem Ausbildungsnachweis. Tätigkeitsbericht. [113]

In kognitiver Hinsicht können sich der Azubi Lernstrategien ableiten, z.B.: Ich habe den Umgang mit dem Winkelschleifer geübt. Durch Anleitung des Ausbilders oder Berufsschullehrers kann auch anderes in diesem Zusammenhang kognitiv erlernt werden, z.B.: Was beinhaltet die Sicht- und Funktionsprüfung am ortsveränderlichen elektrischen Gerät Winkelschleifer? Benutze ich ihn im richtigen Winkel?

Ordnende, wiederholende und erkenntnisorientierte Strategien können als kognitive Lernstrategien bei einer gewissenhaften Führung des Berichtsheftes erfasst werden. Die Bedeutung der gewissenhaften Führung darf dabei aber genauso wenig unterschätzt werden, wie auch die Vorlage zur Form. Der hier zitierte Vordruck weist z.B. in der Überschrift für die sachliche Erfassung aus: *Ausgeführte Arbeiten, Unterricht, Unterweisungen* usw.

Im Zeitalter der PC-Technik hat es sich mittlerweile eingebürgert, dass auch völlig problemlos Standardsoftware zur Erstellung der Ausbildungsnachweise genutzt werden kann. Unter Umständen erweist es sich auch als ausbildungsfördernd, Standard-Software einzusetzen, weil der Umgang ausbildungsrelevant ist. Was der einzelne Azubi unter Zuhilfenahme von Software als thematische Schwerpunktsetzung angibt und was auch durchaus von der Ausbildungsleitung anerkannt wird, kann differieren. Damit verringern sich jedoch auch die Chancen zur individuellen Einschätzung durch den Auszubildenden.

Selbstständige, adaptive Gedankengänge für den Auszubildenden anregen, die eigene Ressourcen deutlich machen, sind eine hohe Qualität. Beispiele dafür wären solche selbstreflexiven Fragen, wie:

---

[113] Ebenda.

- Wie leicht ist mir der Umgang mit dem Winkelschleifer gefallen?
- Fühle ich mich bereits sicher im Umgang mit dem Gerät?
- Könnte ich eine andere Marke ähnlich leicht/schwer bedienen?

Für die Anregung zu derartigen Selbstbeobachtungen und Selbsteinschätzungen ist es ratsam neue Instrumente zu nutzen, welche mit denen, die auf ein gelerntes Verwaltungsverhalten zurückgreifen, nichts gemein haben. Damit entfällt die Gefahr einer Fehlinterpretation im Sinne von eingefahrenen Denkstrukturen. Neue Instrumente erfordern einen ungewohnten Umgang und neues Verarbeiten der Situation.

In den 90er Jahren wurde der Begriff des „Lerntagebuchs" breit diskutiert. Die Kompetenz des erfolgreichen und sich selbstregulierenden Lernens sollte über die Initiierung der Selbstbeobachtung von Lernverhalten und über die Zielsetzung gefördert werden. Dieses Vorgehen hat einen zweifelsfreien Vorteil: der Auszubildende in diesem Fall beobachtet sich selbst über einen längeren Zeitraum. Er vergleicht seine Ergebnisse und sein Verhalten eines Zeitpunktes mit seinem Ergebnis oder Verhalten von einem früheren Zeitpunkt. Damit wird ihm der Prozess seiner Entwicklung deutlicher, aber auch der Attributionsstil, der zu seinem Ergebnis führte, wird deutlicher. Diese zwei Vorteile:

a. Vergleich eigener Strategien im Laufe der eigenen Entwicklung und
b. Ursachenzuschreibung zur eigenen Strategie

gestatten, das Instrument des Lerntagebuchs zu einem interessanten Instrument zur anderen Gestaltung der Lernumgebung in Bezug auf Arbeitsschutz zu erheben. Allerdings ist allein der Begriff „Lerntagebuch" recht kongruent zu schulischem Lernen und scheint somit wenig geeignet zu sein. Wird dagegen von einem „Selbstbeobachtungstagebuch im Arbeitsschutz" gesprochen und dieses wird mit einem ansprechenden Kurzfragebogen versehen, so scheint der Erfolg vielversprechender zu sein. Ein möglicher Kurzfragebogen im Rahmen eines Selbstbeobachtungstagebuches im Arbeitsschutz wäre:

Was für eine Aufgabe habe ich durchgeführt?		
Vor Ausführungsbeginn	Ist diese Aufgabe für mich schwer?	
	Habe ich eine ähnliche Tätigkeit schon einmal gemacht?	
	Wie ist mir diese Tätigkeit früher gelungen: zu meiner Zufriedenheit oder weniger? Warum war das so?	
	Hatte ich im Arbeitsschutz etwas Spezielles zu planen?	
Während der Tätigkeit	Wie gehe ich bei der Umsetzung meiner Aufgabe vor?	
	Was ist im Arbeitsschutz zu berücksichtigen?	
Nach der Tätigkeit	Wie ist mir meine Aufgabe gelungen?	
	Wie beherrsche ich nun die Tätigkeit oder die Maschine?	
	Was war im Arbeitsschutz verbesserungswürdig?	
	Welche Parallelen gibt es von dieser Tätigkeit zu anderen, die ich bisher schon gemacht habe?	

Abbildung 29: Kurzfragebogen für ein Selbstbeobachtungstagebuch im Arbeitsschutz

Ergebnisse, die eine weitergehende Betrachtung erfordern, sind vor allem bei Fragestellungen der postaktionalen Phase zu erwarten. Als Konsequenz könnte nunmehr ein weiteres Instrument zum Einsatz kommen: z.B. ein Memoblatt mit einer individuellen Zielvornahme. Damit es aber individuell bleibt, sollte es entweder in der Hand des Ausfüllenden verbleiben, mit dem Ziel, es bei späterer Aufgabenstellung wieder zu reaktivieren, oder es sollte eingesammelt werden und bei späterer Aufgabenstellung wieder ausgeteilt werden. Das Belassen eines solchen Instrumentes in der Hand des Azubis setzt Verantwortungsbewusstsein und Disziplin voraus: bei einer neuerlichen Aufgabenstellung muss das Blatt auch noch vorhanden sein.

Eine noch höhere Kompetenzanforderung wird beim Erstellen eines Portfolios erreicht, was zum Erreichen arbeitsschutzgerechter Problemlösestrategien in der Praxis bereits mit Erfolg angewandt wird und zu empfehlen ist. Der Portfolio-Ansatz thematisiert den aktiven Prozess der Wissensaneignung. Er fordert kritisches Denken heraus, das Formulieren von Fragen, Beobachten, Vergleichen, Daten sammeln und präsentieren. Er vereint unterschiedliche Strategien: z.B. Lesestrategien beim Lesen von Aufgabenstellungen, Tabellen, Zeichnungen, Präsentationsstrategien, beim Darstellen oder Vortragen der Ergebnisse.

Auf Workshops bei der Vereinigung der Metall-Berufsgenossenschaften (VMBG) für betriebliche Ausbilder und Berufschullehrer wird regelmäßig über Erfahrungen in dieser Hinsicht informiert. Gemäß der komplexen Aufgabenstellung eines Portfolios begleitete es u.a. einen Ausbildungskreislauf mit der Erstellung eines gegenständlichen Prototyps:

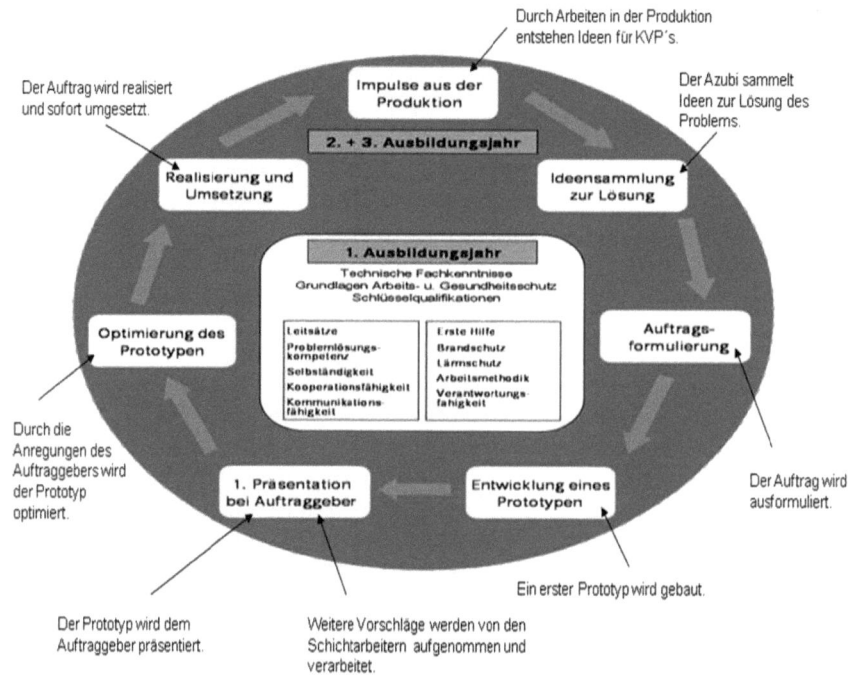

Abbildung 30: Portfolioanwendung in der betrieblichen Ausbildung[114]

Um das Lesen nicht-kontinuierlicher Textformate abeitsschutzrelevanter Texte zu üben, sollten beim Erstellen von Portfolios auch Gefährdungsbeurteilungen, Betriebsanweisungen, Kennzeichnungen von Gefahrstoffen, Betriebsanleitungen, Diagramme und Schaubilder betont vom Ausbilder oder Berufsschullehrer eingefordert werden. Auf diese Art und Weise werden abprüfbare Kompetenzen erworben, wie sie u.a. nach BBiG gefordert werden.

Der Einsatz der geschilderten Instrumente, wie ein Selbstbeobachtungstagebuch, Memoblatt mit individueller Zielannahme oder ein Lernportfolio kann sowohl in der Berufsschule, als auch im betrieblichen Umfeld erfolgen. Damit entspricht er den grundsätzlichen Anforderungen an die Vermittlung von Arbeitsschutz im Zuge der Lernortkooperation: arbeitsschutzrelevantes Wissen soll

---

[114] Tagungsband zum Workshop für betriebliche Ausbilder und Berufsschullehrer vom 25.-27.10.2006 der VMBG, S. 64.
Online: http://www.vmbg.de/aktuell/workshop_fuer_ausbilder/intern/tagungsband.pps

in der Lehrwerkstatt, in der betrieblichen Praxis und in der Berufsschule erworben werden. Es sollte auch im Rahmen von Lehrsequenzen des Berufsschulunterrichts vermittelt werden.[115]

Gleichzeitig schließt Lernortkooperation aber Ausbildungsabschnitte bis ein Viertel der Ausbildungsdauer im Ausland ein (BBiG, § 2). Erfolgt der Auslandsaufenthalt projektgebunden, etwa über das Programm *Leonardo da Vinci* (http://www.na-bibb.de/leonardo_da_vinci_3.html), so wird gefordert, dass die Jugendlichen über ihren Lernprozess eine Dokumentation erstellen. Solch eine Dokumentation kann rein formal auch ein Lernportfolio sein. Die konkrete Aufgabenstellung wird im Zusammenhang mit dem betrieblichen Ausbildungsplan abgestimmt. Deshalb ist eine Aufgabenstellung im Arbeitsschutz nicht nur denkbar, sondern eine lohnenswerte Lernerfahrung für den Auszubildenden.

Auslandsaufenthalte während der Ausbildungszeit können jedoch auch über innerbetriebliche Abläufe vorgegeben sein, etwa weil Filialen aufgesucht werden müssen. Ab und an gilt es jedoch auch Fragen zu klären oder zum Auslandsaufenthalt während der Ausbildung zu ermuntern. Dazu bieten die Industrie- und Handwerkskammern bundesweit *Mobilitätscoachs* an, die vor Ort eine individuelle organisatorische Beratung garantieren.[116]

Die inhaltliche Ausrichtung des Lernortes *Ausland* für den Jugendlichen verbleibt jedoch beim Betrieb. Kann dabei das Verantwortungsgefühl des Auszubildenden für seinen Ausbildungserfolg mit einer Lernportfolio-Arbeit im Arbeitsschutz unterstützt werden, so ist dieses auf jeden Fall ein erstrebenswertes Ziel.

Fassen wir zusammen: Der Effekt von Instrumenten wie Lernportfolios, Selbstbeobachtungstagebüchern, Memoblättern mit Zielvornahmen ist unbestritten hoch. Sie regen zur Selbstbeobachtung an, lenken die Aufmerksamkeit auf Erreichtes, bzw. auf Defizitäres und können somit selbstreflexiv und handlungssteuernd wirken. Im Sinne der Ausbildung einer Schlüsselqualifikation *Selbstreflexion* für den zukünftigen gesunden Mitarbeiter sind diese Instrumente in der Berufsausbildung und in ihrer Bedeutung für den Arbeitsschutz weiter auszubauen.

Die unterschiedlichen Lernorte und auch die Verantwortung für die Sicherheit der Auszubildenden ließ in verschiedenen Betrieben doch den Wunsch reifen, absolvierte arbeitsschutzrelevante Themen der Ausbildung, die über Unterweisungen oder Lehrsequenzen vermittelt wurden, transparent und nachprüfbar zu machen. Betriebe entwarfen dazu selbst Formulare, die den Auszubildenden

---

[115] Unterlagen dazu unter http://www.mmbg.de/PRESSE/JUGEND/index.html (Metall-Bereich) oder unter http://www.jwsl.de/ und über weitere Angebote der zuständigen Berufsgenossenschaft
[116] Vgl. www.teil4.de/mobilitaet/

in die Hände gegeben wurden. Das Ergebnis war eine Kommunikationsverbesserung zwischen Lehrwerkstatt und betrieblichem Einsatzort. Vom Verfahren her erinnert es an das Berichtsheft, welches, wenn man es so führen würde, auch solche Einträge gestatten würde.

Andere Lernorte, wie Berufsschule, Ausland, Prüfungskommissionen, spätere Einsatzbetriebe blieben von solchen *Do-it-self-Medien* völlig ausgeschlossen. Die gute Grundidee und die weiterführenden Bedürfnisse galt es somit weiter zu durchdenken. Ein „Best-practice-Beispiel" in dieser Hinsicht ist ein „Qualifikationsnachweis zum Arbeitsschutz". Ein solches Hilfsmittel im handlichen A6-Format wurde auf Initiative eines vom Arbeitgeberverband Dortmund und Umgebung initiierten „Runden Tisches" entworfen und in die Erprobungsphase gebracht. Erfolgreich absolvierte Arbeitsschutzinhalte können dokumentiert und bescheinigt werden. Sie verbleiben in der Hand des Auszubildenden mit dem Ziel, dass er z.B. dem Betrieb gegenüber belegen kann, was er zum Arbeits- und Gesundheitsschutz bereits gehört hat.

Belegbar wird auf diese Art und Weise eine quantitative Erfassung eines Ist-Standes. Aber auch das Verantwortungsgefühl des Jugendlichen für seine Qualifikation im Arbeitsschutz wird erhöht. Auf einer metakognitiven Ebene reflektiert der Jugendliche seine Fähigkeiten, bzw. seine ressourcenbezogenen Möglichkeiten. Er soll in die Lage versetzt werden zu reflektieren, was er erlernt hat, was er kann und ggf., wofür er eine weiterführende Schulung benötigt. Bei dem letzten Punkt benötigt er jedoch die Unterstützung seines Arbeitgebers, denn es ist und bleibt Aufgabe des Unternehmers, seine Arbeitsplätze und Tätigkeiten zu analysieren und Maßnahmen für die Sicherheit seiner Beschäftigten abzuleiten und ihnen mitzuteilen (ArbSchG, §§ 3-6). Die Notwendigkeit von Schulungsmaßnahmen für Arbeiten ist somit immer mit dem Unternehmer abzustimmen.

Kritiker können hier anführen, dass ein Berichtsheft bei bewusster Führung ähnlich genutzt werden könne. Ein Berichtsheft wird jedoch nur bis zum Ende (oder zum Abbruch) einer Lehre geführt. Das Hilfsmittel *Qualifikationsnachweis zum Arbeitsschutz* soll jedoch nicht nur den Qualifikationsstand im Arbeitsschutz bei Einstellung in ein Arbeitsverhältnis dokumentieren. Es soll darüber hinaus erhalten bleiben, zumindest zu Beginn der beruflichen Laufbahn. Oft wird gerade zu Beginn der beruflichen Laufbahn der Arbeitgeber mehrfach gewechselt. Wurde eine Lehre abgebrochen und unter anderen Prämissen wieder aufgenommen, so kann mit Hilfe dieses Dokumentes gleichfalls der Qualifikationsstand belegt werden.

Aber auch der Arbeitgeber soll einen Vorteil haben, z.B. beim Abschluss von Werkverträgen. Sollte der ausgebildete Facharbeiter über Werkverträge eingesetzt werden, so ist der Nachweis über die Arbeitsschutzkenntnisse, die die

Person erworben hat, mit Hilfe dieses Instrumentes möglich. Der Qualifikationsnachweis positioniert sich diesbezüglich auf dem Stand eines Personal safety lock books, was eigentlich nur bei grenzüberschreitenden Tätigkeiten innerhalb der EU verlangt wird.

Das Produkt des Qualifikationsnachweises wurde 2009 entwickelt und befindet sich im Erprobungsumlauf. Da die Rückmeldungen, sowohl von Betrieben als auch von Berufsschulen, durchweg positiv sind, besteht berechtigte Hoffnung, dass der Qualifikationsnachweis seine regionale Anbindung bald verlieren und sich als Standardinstrument profilieren wird.

Abbildung 31: Der Qualifikationsnachweis für Sicherheit und Gesundheit für den Auszubildenden

Führen wir abschließend die hier betrachteten Instrumente für den Erwerb arbeitsschutzgerechter Lernstrategien zusammen:

Lernstrategien	Berichtsheft	Selbstbeobachtungstagebuch	Memoblatt	Lernportfolio	Qualifikationsnachweis
Kognitiv	X	X	X	X	
Metakognitiv	X	X	X	X	X
Ressourcenbezogen					X

Tabelle 6: Instrumente zum Erwerb arbeitsschutzgerechter Lernstrategien, Teil 1

Ähnlich wie bei dem Qualifikationsnachweis gilt es nunmehr die Kompetenzwahrnehmung des einzelnen insofern zu initiieren, dass er seine Ressourcen erkennt: er soll nach dem Lernprozess, in der postaktionalen Phase, die Resultate seines Lernprozesses reflektieren und Konsequenzen im Hinblick von weiterer Lernaktivitäten ziehen. Dafür eignet sich eine Lernkonferenz. Diese wird gesetzlich nicht abverlangt, aber sie macht Sinn. Der Bedeutungsgehalt des Lernstoffes, z.B. Arbeitsschutz, kann für den Einzelnen zusammenfassend thematisiert werden, auch die Bedeutung seiner Eigeninitiative. Damit wird der Grundstein für die Motivation des Einzelnen zum Weiterlernen gelegt. In Bezug auf Lernstrategien kann somit ergänzt werden:

Lernstrategien	Lernkonferenz
Kognitiv	
Metakognitiv	X
ressourcenbezogen	X

Tabelle 7: Instrumente zum Erwerb arbeitsschutzgerechter Lernstrategien, Teil 2

Probleme der Selbstreflexion im Arbeitsschutz bei Prüfungen

Eine gesetzlich geforderte Kontrolle zum Ist-Stand von Fähigkeiten, auch zur Ausprägung der Fähigkeit zur Selbstreflexion, findet in der Prüfung im Rahmen eines Fachgespräches statt.

Dazu führt die Ausbildungsverordnung[117], im Teil 3 zum Ausbildungsberuf Industriemechanikerin/Industriemechaniker (4) aus, dass der Prüfling zum Nachweis im Prüfungsbereich Arbeitsauftrag

in höchstens 21 Stunden einen betrieblichen Auftrag durchführen und mit praxisbezogenen Unterlagen dokumentieren sowie darüber ein Fachgespräch von höchstens 30 Minuten führen soll. Das Fachgespräch wird auf der Grundlage der praxisbezogenen Unterlagen des bearbeiteten betrieblichen Auftrages geführt. Unter Berücksichtigung der praxisbezogenen Unterlagen sollen durch das Fachgespräch die prozessrelevanten Qualifikationen im Bezug zur Auftragsdurchführung bewertet werden. Dem Prüfungsausschuss ist vor der Durchführung des Auftrages die Aufgabenstellung einschließlich eines geplanten Bearbeitungszeitraums zur Genehmigung vorzulegen oder
in höchstens 18 Stunden eine praktische Aufgabe vorbereiten, durchführen, nachbereiten und mit aufgabenspezifischen Unterlagen dokumentieren sowie darüber ein begleitendes Fachgespräch von höchstens 20 Minuten führen. Die Durchführung der praktischen Aufgabe soll dabei sieben Stunden betragen. Durch Beobachtungen der Durchführung der praktischen Aufgabe, die aufgabenspezifischen Unterlagen und das Fachgespräch sollen die prozessrelevanten Qualifikationen im Bezug zur Durchführung der praktischen Aufgabe bewertet werden.

Damit stehen nicht nur an den Prüfling hohe Anforderungen, auch der Prüfer muss die Fähigkeit haben, eine reflektierende Betrachtungsweise des Auszubildenden zu erkennen und zu bewerten. Im Fachgespräch muss zum Thema Arbeitsschutz zu erkennen sein, ob der Azubi:

- die Ziele des Unternehmens kennt und akzeptiert. Der Auszubildende muss wissen, welche Prämissen sein Unternehmen im Arbeitsschutz verfolgt.
- Er muss sich positionieren können, wie er dazu steht. Erkennt er Vorteile für sich und den Betrieb aus diesem Verhalten? Gleichzeitig muss er formulieren können, ob er diese Ziele umsetzen will.
- Wie gelingt es ihm nach seiner Einschätzung? Sieht er für sich Verbesserungschancen?

Damit wird auf das Konstrukt des Commitments über die Komponente Arbeitsschutz eingegangen. Es wird ersichtlich, ob der Prüfling Strategien seines ausbildenden Betriebes erkannt hat und für sich als wertvoll empfindet. Ist der Lernort *ausbildender Betrieb* für ihn, aus welchen Gründen auch immer, ausgeschöpft, so müssen doch die Grundwerte im Arbeitsschutz für ihn erkennbar sein und er

---

[117] Ausbildungsverordnung. In: Bundesgesetzblatt, Jg. 2004, Teil I, Nr. 34, ausgegeben zu Bonn am 13.Juli 2004, S. 1506.

benötigt die Bereitschaft, sie in anderen Arbeitszusammenhängen weiter zu entwickeln.

Ein Fachgespräch bleibt ein theoretischer Exkurs, Arbeitsschutz ist dabei eine prozessrelevante Qualifikation, die sich in der rückblickenden mündlichen Analyse darstellt. Für weiterführende Erkenntnisse zu arbeitsschutzrelevanten Verhaltensweisen des Prüflings müsste die Prüfungskommission zusätzliche Fragen formulieren.

Insgesamt ergibt sich eine komplexe Situation, die an dieser Stelle mit einem (hoffentlich) Einzelfallbeispiel illustriert werden soll. Ein Prüfling zum Industriemechaniker absolviert nach Prüfungsordnung von 2004 eine Prüfung mit gutem Erfolg. Nach der erfolgreichen Prüfung verblüfft der Jugendliche dadurch, dass über „Umwege" einem Angehörigen des Prüfungsausschusses zu Ohren kommt, dass der Auszubildende das Prüfungsstück nie gebaut habe. So brüstete er sich jedenfalls vor anderen Auszubildenden, der Wahrheitsgehalt bleibt anzuzweifeln. In der Kritik des Prüfers, und nicht nur von ihm, stand sofort die neue Ausbildungsordnung, vor allem mit zitiertem Teil 3 (4).

In der Ausbildungsverordnung, Teil 3 (4) Punkt 1) werden praxisbezogene Unterlagen abverlangt. Vor der Durchführung müssen Aufgabenstellung und der Bearbeitungszeitraum genehmigt werden, unter Punkt 2) wird die Beobachtung der Durchführung der praktischen Aufgabe vom Betrieb abverlangt[118].

Nach der BGV A 1 „Grundsätze der Prävention", § 2 (1) hat der Unternehmer die erforderlichen Maßnahmen zur Verhütung von Arbeitsunfällen, Berufskrankheiten und arbeitsbedingten Gesundheitsgefahren sowie für eine wirksame Erste Hilfe zu treffen[119]. Dazu zählt, vor allem für nicht freigesprochene Auszubildende, die Gewährleistung einer Aufsichtspflicht. Sowohl 21 Stunden für einen betrieblichen Auftrag, als auch 18 Stunden für ein Prüfungsstück können nicht ohne die Gewährleistung betrieblicher Aufsicht statt finden. Der Prüfungsausschuss kann zusätzlich zum Fachgespräch die Rückmeldung vom Betrieb abverlangen, wer namentlich die gesetzlich geforderte Aufsichtspflicht wahrgenommen hat. In der Kritik des Ausbilders kann somit nicht die Ausbildungsordnung stehen, sondern deren Umsetzung.

Geht man ferner davon aus, dass der geschilderte Fall der Wahrheit entsprach, so stellt sich die Frage nach dem Erfolg der Ausbildung. Konnten in der Ausbildung Werte, wie Ehrlichkeit, Stolz auf die Fähigkeit, ein hochwertiges Produkt zu fertigen, erworben werden? Selbstreflexion beruht auf Ehrlichkeit vor sich selbst. Konnte das nicht vermittelt werden, so scheint gesundes Arbeiten in Zukunft erschwert zu sein und die Ausbildungsordnung wurde tatsächlich nicht erfolgreich umgesetzt. Die Ausbildungsordnung zielt darauf, Humankapital mit

---

[118] Ebenda, S. 1506.
[119] BGV A1, 1. Januar 2004, § 2 (1), S. 4.

Allgemeinbildung, fachspezifischer Qualifikation und der Fähigkeit zum gesunden Arbeiten und Leben auf den Arbeitsmarkt zu entlassen. Damit haben sie die Voraussetzungen, sich auf dem Arbeitsmarkt anzubieten und auch zu behaupten.

Betriebliche Unternehmenskultur durch Arbeitsschutzaspekte aus der beruflichen Erstausbildung bereichern

Abschließend sei, um bei dem Modell von Badura zu bleiben, das Potenzial des Humankapitals *Auszubildender* und *Berufsstarter* in Bezug auf das betriebliche Sozialkapital und, letztlich, in Auswirkungen auf Kooperation betrachtet. Dazu wird der Blick zunächst weg von der ausschließlich betrieblichen Perspektive hin zur menschlichen Entwicklung insgesamt gerichtet.

Das Erwachsenenalter hält für den Menschen vielfältige Entwicklungsaufgaben bereit.

Lebensphase	Entwicklungsphase
Junges Erwachsenenalter	— Lebenspartner finden — Zusammenleben mit dem Partner lernen — Gründung einer Familie — Kinder aufziehen — Zuhause für die Familie schaffen — Einstieg in den Beruf — Sorge für das Gemeinwohl — Aufbau eines gemeinsamen Freundeskreises (mit Lebenspartner)
Mittleres Erwachsenenalter	▪ Physiologische Veränderungen akzeptieren und sich an sie anpassen ▪ befriedigende berufliche Leistung erreichen und aufrechterhalten ▪ Beziehung zu den Eltern aufbauen, die deren hohem Alter

	angemessen ist
	▪ heranwachsenden Kindern helfen, verantwortungsbewusste, glückliche Erwachsene zu werden
	▪ Beziehung zum Ehepartner als eigenständigem Menschen aufbauen und aufrechterhalten
	▪ Erwachsene Verantwortlichkeit im sozialen und gesellschaftlichen Bereich aufbauen
	▪ Freizeitinteressen und Hobbys aufbauen

Tabelle 8:   Entwicklungsaufgaben im jungen und mittleren Erwachsenenalter nach Havighurst (1972)[120]

Der berufliche Bereich ist eine wesentliche Domäne, in der sich menschliche Entwicklungsaufgaben vollziehen. Sie werden flankiert von gesellschaftlich und biologisch bedeutsamen Einflussbereichen.

Jugendliche sammeln somit auch nicht nur im Kontext des Betriebes oder der Berufsschule Erfahrungen. Sie agieren vor dem Hintergrund konkreter schulischer, betrieblicher und anderer sozialer Bedingungen. Biographische und familiäre Zusammenhänge dürfen nicht vergessen werden. Die Selbstdefinition des Menschen in seiner Kindheit und Jugend entwickelt sich in Abhängigkeit von individuellen verbalen Fertigkeiten und kognitiven Fähigkeiten.[121] Unbenommen können verbale und kognitive Fertigkeiten und Fähigkeiten in der beruflichen Erstausbildung gefordert und gefördert werden. Wie dargestellt wurde, ist es eine wesentliche Aufgabe, auch Arbeitsschutz dazu heranzuziehen und über pädagogisch sinnvoll genutzte Instrumente zu thematisieren.

Unzureichend ausgebildete verbale Fertigkeiten und kognitive Fähigkeiten hingegen stellen Risikofaktoren für abweichende Selbstdefinitionen und – Abgrenzungen im Jugendalter dar, welche in Gruppenzusammenhängen ausgelebt werden können. Die informelle Gruppe ist ein wesentlicher Faktor zur Lebensweltorientierung Jugendlicher. Sie kann Entwicklungszustände *materialisieren*, eventuell auch abfedern.

---

[120]   Zitiert nach: Wilkening, Friedrich ; Freund, Alexandra ; Martin, Mike (2009): Entwicklungspsychologie. Basel: Beltz. S. 82.
[121]   Vgl. ebenda, S. 88.

Nachgewiesen wurde:

> „Der Gruppenanschluss bei Jugendlichen nimmt seinen Ausgang in Zufälligkeiten, bestimmten Gefühlslagen, Bedürfnissen und Stimmungen. Langeweile, ästhetische Vorlieben, Ekel vor „anderen" Menschen, empfundene Benachteiligungen und Konflikte können ebenso eine Rolle spielen wie Kompetenzvorstellungen, die sich in Wünschen nach Macht und Überlegenheit ausdrücken. Auch eine Außenseiterrolle kann zum Bedürfnis nach Solidarität und der Erwiderung der Verachtung der anderen führen. In den Gruppen können daraus resultierende Handlungsmuster sich als inter-subjektiver Sinn verselbstständigen und von den Ausgangsbedürfnissen und – stimmungen ablösen."[122]

Im Rahmen von empirischen Untersuchungen von Gruppenverhalten konnte unterschiedliche Ansatzpunkte für Gruppenzugehörigkeit definiert werden, z.B.:

1. gemeinsame Biographie
2. stilistische Kreativität: jugendkultureller Stil, Szene, Weltanschauung
3. Geschlecht
4. ethnische Zugehörigkeit.[123]

Unter dem Blickwinkel auf schulische, außerschulische und betriebliche Bedingungen heißt das, dass unter diesen Bedingungen durchaus informelle Gruppe existieren können, es können auch Angehörige unterschiedlicher Gruppen zusammenkommen. Eine informelle Gruppe erfüllt für ein Individuum eine Funktion. Anders verhält sich dazu die formale Gruppe, welche von der Organisationsleitung nach technischen Erfordernissen und Zielsetzungen gebildet wird, um bestimmte, geplante und definierte Aufgaben auszuführen und Teilziele zu erreichen[124]. Gemeinhin gilt:

> „Die Jugend stellt eine Phase der Identitätsfindung dar, in der verschiedene Alternativen in Bezug auf die eigenen Werte, Meinungen und Ziele getestet werden (Moratorium). Wenn dieser Prozess erfolgreich verläuft, mündet er in einem stabilen Gefühl der Identität im Sinne der Kontinuität der eigenen Person über die Zeit, das als

---

[122] Vgl Eckert, Roland ; Reis, Christian ; Wetzstein, Thomas (2000): „Ich will halt anders sein wie die anderen!" Abgrenzung, Gewalt und Kreativität bei Gruppen Jugendlicher. – Opladen: Leske & Budrich. S. 398 f.

[123] Ebenda, S. 399.

[124] Vgl. Weinert, Ansfried (2004): Organisations- und Personalpsychologie. Weinheim ; Basel: Beltz. S. 394.

Grundlage für eine Auseinandersetzung einer Person mit sich selbst und ihrer sich verändernden Lebenswelt dient."[125]

Interessant ist, dass bei Untersuchungen zum Gruppenverhalten, bei denen nicht die Identitätsfindung der Jugendlichen mit ihrem Ausloten von persönlichen Zielen im Mittelpunkt stand, konstatiert wurde, dass ein Streben nach einem Lehrberuf zum Selbstverständnis der Jugendlichen gehörte. Teilweise waren aufgrund der Wohnlage nur begrenzte Angebote verfügbar und Motorisierung war eine Grundvoraussetzung, um diese überhaupt nutzen zu können, aber es galt als erstrebenswertes Ziel, einen Lehrberuf zu erwerben. Die Entwicklungsaufgabe *Einstieg in den Beruf* wurde auch unter widrigen Umständen umgesetzt:

> „Weil Arbeitslosigkeit für die Betroffenen peinlich ist, nehmen sie jeden Job. Die beruflichen Zukunftsträume haben sich an die schwierige Arbeitsplatzlage angepasst und beschränken sich auf den Wunsch, überhaupt einen Beruf zu haben."[126]

Insgesamt konnten bei mehreren informellen Gruppen[127] das positive Image einer erfolgreich beendeten Lehrausbildung in Deutschland festgestellt werden. Wer diese Hürde nimmt, kann nach dem Selbstverständnis der Jugendlichen auf einen biographischen Erfolg verweisen, welcher ihm weitere Perspektiven, durchaus auch außerhalb Deutschlands eröffnet. Das zeigt, bei allen Ambivalenzen der Identitätsfindung ist Ausbildung im Lehrberuf bei Jugendlichen positiv besetzt.

Zusätzlich wurde bei diesen empirischen Untersuchungen belegt, dass bestimmte Gruppen Jugendlicher ihrerseits von dem Wunsch zur Leistungsbereitschaft bestimmt werden[128]. Der Grad zur Verausgabebereitschaft war unterschiedlich ausgeprägt; Gruppenzugehörigkeit, auch Möglichkeiten zum Aufsteigen im Hierarchiegefüge der Gruppe bestimmten die Leistungsorientierung. Selbsteinschätzung durfte gern von der Resonanz der Erwachsenen abweichen. Es gab individuelle Vorstellungen von Werten, die die Jugendlichen repräsentieren wollten und mit denen sie auch ihre Zielsetzungen verbanden.

---

[125] Wilkening, Friedrich ; Freund, Alexandra ; Martin, Mike (2009): Entwicklungspsychologie. Basel: Beltz. S. 88.

[126] Eckert, Roland ; Reis, Christian ; Wetzstein, Thomas (2000): „Ich will halt anders sein wie die anderen!" Abgrenzung, Gewalt und Kreativität bei Gruppen Jugendlicher. – Opladen: Leske & Budrich. S. 175.

[127] Konstatiert wurde das bei Breakdancern, einer italienische Stadtteilclique, einer türkische Stadtteilclique, Graffiti-writern, einer Gruppe von Bosniern.

[128] Konstatiert wurde das bei folgenden Gruppen: Graffiti-writer, Breakdancer, Hip-Hop-Gruppen, Anarchoveganer, Pfadfinder.

„Während im Kindesalter die Eltern noch zentralen Einfluss auf den Inhalt der Ziele haben, nehmen im Verlauf des Jugendalters die Gleichaltrigen (peers) und individuelle Wertvorstellungen zunehmend an Wichtigkeit für das Setzen persönlicher Ziele zu."[129]

Gleichaltrigengruppen (Peers), Freunde, Bekannte haben im Jugendalter einen anderen Stellenwert, als bei Erwachsenen im „mittleren Erwachsenenalter" (nach Havighurst). Das individuelle soziale Netzwerk des Jugendlichen ist nicht zwangsweise gegenläufig zur betrieblichen Unternehmenskultur. Der Erwachsene im mittleren Alter ist eher von Stabilisierung und Kontinuität geprägt, auch unter dem Einfluss seines individuellen sozialen Netzwerkes. Aber auch er kann Veränderungen im Selbstkonzept erleben, etwa unter dem Einfluss von großen familiären und beruflichen Veränderungen. Das soziale Netzwerk der Person, egal in welchem Alter sie sich befindet, sollte nicht überbewertet werden.

Augenmerk jedoch sollte noch einmal auf die formale Gruppenbildung im Betrieb gelegt werden. Jugendliche werden gemäß ihrer Generation sozialisiert und bringen für den Betrieb diesbezüglich Vorteile mit. Diese gilt es zu erkennen und zu nutzen.

Jugendliche leben heute in einer von Medien dominierten Welt. Ihre täglichen Erfahrungen orientieren sich an dem, was sie umgibt. Grenzen haben zu einer Zeit digitaler Medien immer weniger Bedeutung. Es bilden sich Subsinnwelten (Sport, Religion, Musik, Politik), welche über eine massenmedial transportierte Mode Zugang zu vielen Personen haben. So entstand die These, dass es über weltweit verbreitete Moden zu einer kulturellen Homogenisierung kommen muss.

„Die Folge ist eine Kulturschmelze, die in letzter Konsequenz zu einer Einheitskultur führt. Dies kann Lokalkulturelles ersetzen oder zumindest verdrängen. ... Logische Konsequenz wäre ein sinkender Stellenwert interkultureller Kompetenz, da man sich in Interaktionssituationen unabhängig von der Herkunft des Gegenübers auf eine gemeinsame kulturelle Basis verlassen könnte.[130]"

Folgt man dieser These und definiert man Unternehmenskultur als einen Teilbereich von Kultur, so müsste bei einem Zusammenkommen von Beschäftigten mit unterschiedlichen Ursprungsgebieten, Begabungen, Neigungen, Geschlechtern, biographischen Hintergründen eine Einheitskultur entstehen, bei der die Ver-

---

[129] Wilkening, Friedrich ; Freund, Alexandra ; Martin, Mike (2009): Entwicklungspsychologie. Basel: Beltz. S. 102.

[130] Zülch, Martin (2005): „McWorld" oder „Multikulti"? Interkulturelle Kompetenz im Zeitalter der Globalisierung. In: Vedder, Günther (Hg.) (2005): Diversity Managemnt und Interkulturalität. Trierer Beiträge zum Diversity Management. 2. Auflage. Mehring: Hampp. S. 4.

schiedenartigkeit keine vorrangige Bedeutung hat. Aber genau das ist nicht der Fall: die Unterschiedlichkeit der Codierung führt zu Missverständnissen, zu Abgrenzungen. Mit Hilfe von Führungskräfteschulungen, Instrumenten der Gesprächsführung (Mitarbeitergespräche, Zielvereinbarungen) usw. wird auf die Möglichkeiten von Missverständnissen regulierend eingewirkt.

Menschen unterstellen Konsens und eine Gemeinsamkeitsfiktion. Deshalb kann auch die ethnische gleiche Zugehörigkeit zur Herstellung positiver Distinktheit führen: es kann sich eine gleichartige informelle Gruppe bilden[131]. Sie wirkt für die Gruppenmitglieder ihrerseits regulierend. Darüber hinaus sollten jedoch auch im Betrieb objektiv vorhandene Vorteile genutzt werden. Eine solche Möglichkeit ist z.B. die Instrumentalisierung dieser Vorteile über formale Gruppenbildung.

Spätestens seit den 90er Jahren wurden in der Bundesrepublik Deutschland die unterschiedlichsten pädagogischen Konzepte angeboten, die eine Verständigung von Kulturen förderten. Auch wer nicht in den Genuss eines KITA-Platzes für sein Kind kam, konnte privat Kurse *Englisch für Kinder* buchen. Internationale Kindergärten, Sprachenunterricht in Chinesisch, Arabisch an der Grundschule, das Angebot wurde bunt. Darüber hinaus boten Programme (Comenius, Leonardo da Vinci) im schulischen Umfeld die Chance des körperlichen Hineinbegebens in andere Kulturen. Klassenfahrten im europäischen Umfeld sind ein normaler Schritt, um Jugendliche an das neue Europa heranzuführen. Ziel ist bei all diesen Aktionen die Initiierung eines Lernprozesses, um mit Angehörigen anderer Kulturen angemessen und effektiv zu interagieren. Somit besitzt möglicherweise ein Auszubildender des ersten Lehrjahres heute mehr Auslandserfahrung, mehr Chancen zur Verständigung über Englisch als sein unmittelbarer Ausbilder. Und genau das sollte im Betrieb als Potenzial weiter ausgebaut werden.

Das reformierte Berufsbildungsgesetz (BBiG) spricht im § 2 Lernorte der Berufsbildung (3) davon, dass Teile der Berufsausbildung im Ausland durchgeführt werden können, wenn es dem Ausbildungsziel dient und die Gesamtdauer des Aufenthaltes nicht mehr als ein Viertel der Gesamtausbildungsdauer umfasst. [132]

Von dieser Möglichkeit machten lt. den Zahlen der Nationalen Agentur Bildung für Europa beim Bundesinstitut für Berufsbildung 2008 recht viele Jugendliche Gebrauch: beim EU-Förderprogramm *Leonardo da Vinci* stiegen die Teil-

[131] Vgl. Eckert, Roland ; Reis, Christian ; Wetzstein, Thomas (2000): „Ich will halt anders sein wie die anderen!" Abgrenzung, Gewalt und Kreativität bei Gruppen Jugendlicher. – Opladen: Leske & Budrich. S. 414.
[132] BBIG. Online: http://www.bmbf.de/pub/bbig_20050323.pdf

nehmerzahlen auf 10.882[133] an, während es 1995 doch lediglich 2.172 Auszubildende waren. Die Unterlagen für Förderungen stehen über das Internet sowohl Einzelpersonen, als auch Betrieben zum Ausfüllen zur Verfügung.[134]

Ausbildende Betriebe, aber auch Berufsschulen nutzen für ihre Auszubildenden/Berufsschüler die Chance, Teile der Ausbildung im Ausland zu absolvieren. Teilweise sind auch Einzelinteressen vorhanden, die so gefördert werden können. Andere Betriebe sehen als festen Bestandteil ihrer Ausbildungspläne vor, dass Teile der Ausbildung in ihren Filialen im Ausland durchlaufen werden müssen. Die Jugendlichen sollen sich im Ausland bewegen können, sich mit den Mitarbeitern vor Ort kollegial verständigen und ihre Unternehmenskultur weiterhin repräsentieren. Arbeitsschutz und der Gedanke des Gesundheitsschutzes sind dabei eingeschlossen. Arbeitsschutz ist Bestandteil der Unternehmenskultur des Unternehmens.

Es sind direkte kulturelle Auswirkungen der Globalisierung, mit denen wir es hier zu tun bekommen - egal, ob als Entsandte der Firma im Ausland oder ob in der BRD mit Vertretern unterschiedlicher Nationalitäten zusammengearbeitet wird: der ausgebildete Facharbeiter muss über ein gerüttelt Maß an Kompetenzen (fachliche, methodische, soziale und affektive) verfügen.

Als Konzept postuliert wurde die bewusst wahrgenommene Vielfalt der Individuen unter dem Namen *Diversity Management*. Jeder Mitarbeiter eines Unternehmens hat danach Chancen, seine Individualität zu zeigen und in das Unternehmen einzubringen.

Der Name und das Konzept basieren auf Entwicklungen der USA seit den 70er Jahren: dort und zu jener zeit wurde die Vielfalt (Diversity) von Personen definiert[135], was aus einer damals prekären gesellschaftlichen und politischen Situation resultierte und deshalb die Schwerpunktlegung auf Rasse und Geschlecht erklärt. In späteren Annäherungen an die Problematik wurde in wahrnehmbare und nicht wahrnehmbare Eigenschaften unterschieden, was später in die Unterscheidung von persönlichen (Geschlecht / Alter / Rasse / Werte / Einstellungen / Familienstand) und organisationsbezogenen Kerndimensionen (Betriebszugehörigkeit) mündete. Die umfangreiche Definition von Elmerich fixierte als Diversity

„den umweltbezogenen Vergleich bezüglich der Unterschiedlichkeit und Ähnlichkeit hinsichtlich lebensphasen-prägender, arbeitsleben-prägender, soziokulturell-

---

[133] Jahresbericht 2008 der Nationalen Agentur Bildung für Europa beim Bundesinstitut für Berufliche Bildung. Bonn, März 2009, S. 36.
[134] http://www.na-bibb.de/leonardo_da_vinci_3.html
[135] Vgl. Elmerich, Kathrin (2007): Personenbezogene Wahrnehmung des Diversity Managements. Frankfurt: Lang. S. 9f.

geprägter und lebensphasen-geprägter Merkmale, die Selbst- und Fremdwahrnehmung einer Person tiefgreifend beeinflussen und letztlich die Persönlichkeit des Menschen darstellen."[136]

Damit wird der Mensch als Produkt seiner Entwicklung, mit seinen biologischen und moralischen Besonderheiten, mit seinen Wünschen nach einem inszenierten Selbst wahrgenommen.

Wie auch immer das Miteinander der Kulturen als Konzept gefasst wird und in der Unternehmenskultur des Unternehmens verankert wird, eine konsequente Ausrichtung der beruflichen Erstausbildung mit der Absolvierung von Teilen der Ausbildung im Ausland dient nicht nur der Erhöhung der Attraktivität von Ausbildung, sondern schafft Voraussetzungen, dass gemeinsame Arbeitsgruppen gebildet werden können.

Desweiteren sollen Auszubildende im betrieblichen Kontext Praxiserfahrung sammeln. Bereits hierbei ist der Einsatz von Jugendlichen in gemischten Gruppen möglich. Aber auch Berufsstarter, die interkulturelle Kompetenzen mitbringen, können für den Betrieb im Sinne von *Sozialkapital* wirksam werden und somit zur Gestaltung einer guten Produktivität und Qualität beitragen.

Angesichts der demographischen Entwicklung in Deutschland, der älter werdenden Bevölkerung bringen Auszubildende und Berufsstarter nicht nur Kompetenzen der unterschiedlichsten Art (einschließlich interkultureller Kompetenzen) mit, sie bieten auch die Möglichkeit, die Altersstruktur zu durchmischen. Jugend- oder altersspezifische Schwächen sollen so nicht zu Defiziten im Leistungsergebnis führen[137].

Allerdings gehört auch psychologisches Können dazu, formale Gruppen so zusammenzusetzen, dass sie effizient arbeiten können. Im Sinne des Schutzes der Auszubildenden und der jungen Mitarbeiter ist es nötig, die Fähigkeiten und Persönlichkeiten der jungen Menschen besonders zu beachten.

Bei der Entstehung von Gruppen hat sich der Blick auf fünf Beziehungsformen etabliert:

1. Fremdheit: die Grundsteine für die späteren Beziehungen der Gruppenmitglieder werden gelegt – Konkurrenten, Verbündete finden sich
2. Orientierung: die Mitglieder entwickeln situationsübergreifende Beziehungen zueinander: positive wie negative
3. Vertrautheit: Gruppenstruktur, Gruppennormen, Gruppenidentität entstehen

---

[136] Ebenda, S. 14.
[137] Vgl. Ältere Arbeitnehmer im Betrieb – ein Leitfaden für Unternehmer (2003). Berlin: Bundesvereinigung der Deutschen Arbeitgeberverbände. S. 27.

4. Konformität: mit dem Wir-Gefühl wächst der Druck, Gruppennormen einzuhalten

5. Auflösung: kann durch Trauer, Erleichterung, Zukunftsorientierung geprägt sein[138]

Wird ein Jugendlicher Teil einer bestehenden Gruppe, z.b. von älteren Arbeitnehmern, so entsteht eine neue Gruppe, die wiederum Beziehungsformen durchlaufen. Wünscht die bestehende Gruppe die Aufnahme des jungen Mitarbeiters nicht, kann es zu Konflikten bis hin zu Mobbingverhalten kommen, bei dem der junge Mitarbeiter der Unterlegene sein kann. Ein gut geplantes Führungskräfteverhalten von Seiten des Ausbilders oder des zuständigen Vorgesetzten ist hier zwingend erforderlich.

Es empfiehlt sich, dass die Führungskraft den Auszubildenden/jungen Mitarbeiter und die Gruppe im Gespräch vorbereitet. Im Gespräch sollte die Führungskraft dem Mitarbeiter die Möglichkeit eröffnen, in der Gruppe arbeiten zu können. Es sollte kein Zwang für den Auszubildenden oder Berufsstarter sein, dort arbeiten *zu müssen*. Damit hat er die Chance, eine positive Einstellung zur bestehenden Gruppe zu entwickeln.

1. Die Führungskraft sollte Vorteile für die Gruppe und das Individuum klären und vor der Gruppe vermitteln. Damit wird der Aspekt der Beziehungsform „Fremdheit" abgeschwächt. Unausgesprochene Absichten der Führungskraft werden die Beziehungsform „Fremdheit" verlängern oder unnötig verkomplizieren. Aber auch wenn Absichten vermittelt werden, muss der neue Gruppenbildungsprozess nicht zwangsläufig erfolgreich verlaufen.

2. Der Vorgesetzte sollte vor der Gruppe vermitteln, welche Erwartungen der Betrieb an die Gruppe hat, damit die Zielstellung des formalen Gruppenbildungsprozesses verständlich ist. Das muss nicht nur das gestandene Gruppenmitglied wissen, auch das neue muss alle Aufgaben und Erwartungen kennen.

3. Nach einiger Zeit sollte die Führungskraft nachfragen, wie sich der Auszubildende oder der Berufsstarter in der Gruppe fühlt. Dieses Gespräch sollte unter vier Augen stattfinden, um ihm auch die Chance zu eröffnen, zwischenpersönliche Probleme zu äußern und ihn ggf. umzusetzen.

Die Gründe für Umsetzen sollten keinesfalls vor der weiterhin beste-

---

[138] Vgl. Rechtien, Wolfgang 2003: Gruppendynamik. In: Auhagen, Ann Elisabeth ; Bierhoff, Hans-Werner (Hg.) (2003): Angewandte Sozialpsychologie. Weinheim ; Basel ; Berlin: Beltz. S. 110-111.

henden Gruppe thematisiert werden. Die Effizienz der Gruppe, die man u.U. durch den jungen Mitarbeiter oder Auszubildenden erreichen wollte, kann auch durch andere Maßnahmen, z.b. Teamentwicklungsmaßnahmen, fördern.

Die Entwicklung von Individualzielen des jungen Mitarbeiters, sein Potenzial ist für den Betrieb so bedeutungsvoll, dass er in vielen formalen Gruppen aktiv werden darf, sich einbringen und auch austesten darf. Der Absolvent einer beruflichen Erstausbildung, der Arbeitsschutzinhalte verinnerlicht hat und darüber hinaus auch sein gesundheitsgerechtes Leben reflektieren kann, eventuell im internationalen Kontext abgeglichen hat, kann vielfältige bestehende Strukturen bereichern. Er verkörpert für den Betrieb die Chance, Bestehendes zu modifizieren und weiterhin effizient arbeiten zu können.

Literatur

Arbeitsschutzgesetz (ArbSchG)
   Online: http://www.gesetze-im-internet.de/bundesrecht/arbschg/gesamt.pdf
Auhagen, Ann Elisabeth ; Bierhoff, Hans-Werner (Hg.) (2003): Angewandte Sozialpsychologie. Weinheim ; Basel ; Berlin: Beltz.
Ausbildungsverordnung.
   In: Bundesgesetzblatt, Jg. 2004, Teil I, Nr. 34, ausgegeben zu Bonn am 13.Juli 2004, S. 1502-1512.
Ausbildungsmaterialien der MMBG für Ausbilder und Berufsschullehrer Online: http://www.mmbg.de/PRESSE/JUGEND/index.html
Ältere Arbeitnehmer im Betrieb – ein Leitfaden für Unternehmer (2003). Berlin: Bundesvereinigung der Deutschen Arbeitgeberverbände.
Ausbildungsnachweis.
   Tätigkeitsbericht. RNK-Verlagsnr. 5082.
Badura, Schröder, Klose, Macco (2010): Fehlzeitenreport 2009. Arbeit und Psyche: Belastungen reduzieren – Wohlbefinden fördern. Heidelberg, Berlin: Springer.
Berufsbildungsgesetz
   Online: http://www.bmbf.de/pub/bbig_20050323.pdf
Dienel, Christiane (2005): Auswirkungen des demografischen Wandels auf die Regionalentwicklung – Herausforderung und Chance. Vortrag Bad Düben, 2. Juni 2005.
Eckert, Roland ; Reis, Christian ; Wetzstein, Thomas (2000): „Ich will halt anders sein wie die anderen!" Abgrenzung, Gewalt und Kreativität bei Gruppen Jugendlicher. Opladen: Leske & Budrich.
Elmerich, Kathrin (2007): Personenbezogene Wahrnehmung des Diversity Managements. Frankfurt: Lang.
Firmenausbildungsring Oberland e.V. (Hg.) (o.J.): Perspektiven durch Ausbildung. Görlitz.

Gesundheitsreports der DAK. Online:
 http://www.dak.de/content/filesopen/Gesundheitsreport_2007.pdf
 http://www.dak.de/content/filesopen/Gesundheitsreport_2008.pdf
 http://www.dak.de/content/filesopen/Gesundheitsreport_2009.pdf
 http://www.presse.dak.de//DAK_Gesundheitsreport_2010_2402.pdf
Jahresbericht 2008 der Nationalen Agentur Bildung für Europa beim Bundesinstitut für Berufliche Bildung (2009). Bonn.
Jugend will sich-er-leben. Ausbildungsmaterialien für Berufsschule und Betrieb. Online unter: http://www.jwsl.de
Landmann, Meike ; Schmitz Bernhard (Hg.) (2007): Selbstregulation erfolgreich fördern. Stuttgart: Kohlhammer.
„Leonardo da Vinci" Programm zur Förderung des Auslandsaufenthaltes von Auszubildenden. Online: http://www.na-bibb.de/leonardo_da_vinci_3.html
Marmot, M. ; Wilkinson, R.G. (Hg.) (2006): Social determinants of health. Oxford ; New York: Oxford University Press.
www.mv4you.de
www.pfiff-sachsen-anhalt.de
Projekt Führungskräfte in mittelständischen Unternehmen: Bedarf, Rekrutierung, Bindung (2007). Online: http://www.wzb.eu/gwd/into/pdf/bluhm_hwp-bericht2007.pdf
Raßbach, Kirstin ; Pohl, Matthias (2009): Studie im Ergebnis einer Unternehmensbefragung in 2009 zur Fachkräfteentwicklung im sächsischen Maschinen- und Anlagenbau. Verbundinitiative Maschinenbau Sachsen (VEMAS).
Sachse-komm-zurück. Online unter: www.sachsekommzurueck.de ; http://mephisto976.uni-leipzig.de/sendungen/beitrag/artikel/sachse-komm-zurueck.html
Siegrist, Johannes ; Knesebeck v.d., Olaf ; Starke, Dagmar ; Joksimovic, Ljiljana (2001): Soziale Reziprozität und Gesundheit – eine explorative Studie zu beruflichen und außerberuflichen Gratifikatonskrisen. Düsseldorf: Institut für medizinische Soziologie.
Tagungsband zum Workshop für betriebliche Ausbilder und Berufsschullehrer vom 25.-27.10.2006 der VMBG. (http://www.vmbg.de/aktuell/workshop_fuer_ausbilder/intern/tagungsband.pps)
Weinert, Ansfried (2004): Organisations- und Personalpsychologie. 5. Auflage. Weinheim ; Basel: Beltz.
Zisler, Diana Christina (2009): Wer bin ich? Grundprobleme menschlicher Existenz. Frankfurt: Peter Lang.
Unfallverhütungsvorschrift Grundsätze der Prävention (BGV A1) vom 1. Januar 2004. Aktualisierte Fassung April 2005. In: http://www.arbeitssicherheit.de/arbeitssicherheit/html/modules/bgva/bgv_a/a1.pdf
Vedder, Günther (Hg.) (2005): Diversity Managemnt und Interkulturalität. Trierer Beiträge zum Diversity Management. 2. Auflage. Mehring: Hampp.

Verzeichnis der Autorinnen und Autoren

Dipl.-Ing.-Pädagoge Dietrich Altenburger, Maschinenbau- und Metall-Berufsgenossenschaft, Dozententätigkeit für Arbeitssicherheit und Gesundheitsschutz, Schwerpunkte: Arbeitsschutz in der Berufsausbildung, Arbeitsschutz für Unternehmer und Führungskräfte, Seminarorganisation.

Dr. phil. Astrid Kaeding, Maschinenbau- und Metall-Berufsgenossenschaft, Dozententätigkeit für Arbeitssicherheit und Gesundheitsschutz, Schwerpunkte: Arbeitsschutz in der Berufsausbildung, Prävention vor Burnout, Seminarentwicklung. Fachpublikationen für betriebliche Ausbilder und Burnout-Prävention, u.a.: Kaeding, Astrid ; Resch, Martin (2008): Innerbetriebliche Präventionsstrategien gegen Burnout. Bochum: Infomedia-Verlag. ISBN: 978-3-935116-42-8.

Dipl.-Psych. Vera Trotzky, Arbeits- und Betriebspsychologin, Fachkraft für Arbeitssicherheit, Qualitätsmanagement-Beauftrage, Qualitätsmanagement-Auditorin, Freiberuflerin mit den Schwerpunkten: Lehren und Lernen, Sicherheit und Gesundheit.

Dipl.-Sozialwirt Wieland Wettberg, Bundesanstalt für Arbeitsschutz und Arbeitsmedizin, Schwerpunkte: Arbeitssicherheitsgesetz, Ausbildungskonzeption für Fachkräfte für Arbeitssicherheit. Lehrauftrag im Masterstudiengang Betriebssicherheitsmanagement an der TFH Georg Agricola, Bochum.

Schlagwortregister

MIX
Papier aus verantwortungsvollen Quellen
Paper from responsible sources
FSC® C105338

If you have any concerns about our products,
you can contact us on
ProductSafety@springernature.com

In case Publisher is established outside the EU,
the EU authorized representative is:
Springer Nature Customer Service Center GmbH
Europaplatz 3, 69115 Heidelberg, Germany

Printed by Libri Plureos GmbH
in Hamburg, Germany